山东建筑大学经济管理学科论著

The Influence of Board Diversity and Innovation
Strategy on the Growth of Private Enterprises:
Based on the Cross-level Moderation of Governance Context

董事会多元化、创新战略对民营企业成长的影响
——基于治理情境的跨层调节

李长娥 ◎ 著

中国财经出版传媒集团

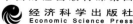

经济科学出版社
Economic Science Press

图书在版编目（CIP）数据

董事会多元化、创新战略对民营企业成长的影响：基于
治理情境的跨层调节 / 李长娥著 . —北京：经济科学
出版社，2018. 11
ISBN 978 - 7 - 5141 - 9759 - 4

Ⅰ. ①董…　Ⅱ. ①李…　Ⅲ. ①民营企业 - 上市公司 -
董事会 - 企业管理 - 研究 - 中国　Ⅳ. ①F279. 245

中国版本图书馆 CIP 数据核字（2018）第 214625 号

责任编辑：崔新艳
责任校对：隗立娜
版式设计：齐　杰
责任印制：王世伟

董事会多元化、创新战略对民营企业成长的影响
——基于治理情境的跨层调节
李长娥　著
经济科学出版社出版、发行　新华书店经销
社址：北京市海淀区阜成路甲 28 号　邮编：100142
经管中心电话：010 - 88191335　发行部电话：010 - 88191522
网址：www. esp. com. cn
电子邮箱：espcxy@ 126. com
天猫网店：经济科学出版社旗舰店
网址：http：//jjkxcbs. tmall. com
北京季蜂印刷有限公司印装
880 × 1230　32 开　7. 375 印张　200000 字
2018 年 11 月第 1 版　2018 年 11 月第 1 次印刷
ISBN 978 - 7 - 5141 - 9759 - 4　定价：35. 00 元
（图书出现印装问题，本社负责调换。电话：010 - 88191510）
（版权所有　侵权必究　打击盗版　举报热线：010 - 88191661
QQ：2242791300　营销中心电话：010 - 88191537
电子邮箱：dbts@esp. com. cn）

总　序

　　山东建筑大学商学院初期为工商管理系，1999 年正式招收工商管理专业本科生。2004 年，商学院正式成立，拥有工商管理、会计学和电子商务三个本科专业，2008 年，增设市场营销和财务管理两个本科专业。作为新成立的学院，商学院全体员工齐心协力谋求发展，于 2006 年率先与澳大利亚维多利亚大学开展中外合作办学项目，先后开展了国际商务、会计学、市场营销等合作办学项目，并与英国朴茨茅斯大学、新南威尔士大学和美国波特兰州立大学等建立了合作关系，初步奠定了商学院外向型办学特色，培养了一批具有国际视野的年轻教师。2010 年成功申报工商管理一级学科硕士点，设有技术经济及管理、企业管理和会计学 3 个二级学科硕士点；2010 年成功申报工商管理硕士（MBA）办学项目，目前共有在校生约 2700 人。

　　伴随着我国研究生教育和建筑、房地产业的发展，山东建筑大学商学院经过十几年的不懈努力，已经形成了从专科生、本科生到硕士研究生的较完整的培养体系。现已形成的稳定的研究方向为：房地产经营与管理、城市品牌管理、公司治理与企业战略管理、财务管理与资产评估等。师资队伍中已经呈现出一批优秀的骨干教师，他们既具有扎实的理论基础，又具有国际化的前沿视角。他们大多具有出国留学访学经历，其研究注重前沿性和实用性相结合，服务于地方社会经济发展。我们以这些优秀骨干教师为主成立编委会，从中推选出部分研究成果以"山东建筑大学经济管理学科论著"的形式编辑出版，以期为我国商科教育和发展做出一定贡献。这些论著介绍了本学科的最新研究成果，希望以这些论著为媒介，增强各高校、科研单位及相关部门之间的交流与合作。

我国经济和企业管理学科在快速发展，其中许多理论问题需要进一步深入研究，对于本系列论著中存在的不足，恳请专家学者给予关心、指导和匡正。

山东建筑大学商学院教授、院长：胡宁

前　言

　　民营企业作为一种主要的企业组织形式，是我国国民经济中最为活跃的经济增长点，其可持续发展对于国民经济具有举足轻重的作用。在当前激烈竞争的市场环境下，企业战略制定或决策能力是民营企业持续健康增长的根本保障，其中创新被认为是企业生存和发展的核心和关键战略。作为战略的制定主体，董事会从总体上决定了企业的创新投入、创新方式和创新绩效，进而影响着民营企业的成长。然而，由于创新战略通常具有巨大的不确定性、冗长的过程和复杂的任务等特点，为了保障董事会的决策需要，董事会成员必须拥有多方面的知识和经验，这样才可以为公司提供创新决策所需要的信息和资源。不同类型的人组成的董事会团队，形成了董事会的横向多元化结构与纵向多元化结构。另外，基于权变理论，企业组织是社会大系统中的一个开放型的子系统，经营环境的改变使得企业创新战略也会随之发生变化，只有组织战略与其内部资源和外部环境匹配协调，战略才能发挥其应有的作用。因此，本书研究董事会多元化结构如何通过创新战略影响民营企业的成长，以及不同情境因素对董事会多元化与创新战略关系的影响。

　　目前学术界对董事会多元化、创新战略与企业成长的研究取得了丰硕的成果，但是目前董事会多元化结构研究更多的是集中于人口学特征，忽视了认知相关特征和纵向属性构成的多元化结构。虽然部分文献打破了传统"结构—绩效"的范式，关注了董事会治理行为的中介作用，但是大多基于线性视角研究董事会多元化、创新

1

战略对企业成长的影响。董事会治理中情境因素的研究还比较匮乏，并且大多采用简单的 OLS 法验证情境因素调节效应，忽视了数据的嵌套关系，未能将董事会行为研究和情境研究纳入一个理论框架体系中，治理情境、董事会结构、治理行为以及公司绩效关系的完整理论体系尚未建立，使得董事会对绩效影响的逻辑与实践不符。

本书在分析民营企业"董事会多元化结构—创新战略—企业成长"作用机理的基础上，以董事会多元化为解释变量，以创新战略为中介变量，以企业成长为被解释变量，以产品市场竞争和区域经济发展水平为调节变量，采用 2011~2015 年民营上市公司的面板数据，运用 SPSS 宏文件 MEDCURVE 和 PROCESS 分别验证创新战略对董事会多元化与企业短期成长、长期成长的非线性中介和线性中介作用，运用 HLM 验证情境因素对董事会多元化与创新战略关系的跨层调节作用。本书实现了区域层面的经济发展水平、行业层面的产品市场竞争程度与微观层面的公司董事会治理的有效对接；采用了"结构—行为—绩效"的研究范式，引入创新战略作为中介变量，使理论模型与实践逻辑更加吻合，理论研究成果更富有价值；采用了"跨层的调节"与"非线性的中介"效应的验证方法，丰富了董事会治理的实证研究方法；有利于引导民营上市公司通过构建合理的董事会结构、制定科学的创新战略决策等视角改善组织的自适应性，提升其可持续发展能力。

通过实证检验，本书主要得出五点结论。

第一，董事会多元化通过创新战略对民营企业短期和长期成长的影响有所不同。在"董事会多元化—创新战略—短期成长"的理论框架中，董事会可以通过增加年龄多元化、提升成员的教育水平、增加权力层级不平等程度和降低地位层级不平等来促进创新战略；在"董事会多元化—创新战略—长期成长"的理论框架中，董事会可以通过增加董事会年龄多元化、提高团队受教育水平、增加权力层级不平等程度和降低团队平均年龄、降低职能背景多元化来促进创新战略。

第二，创新战略与民营上市公司短期成长呈 U 型关系，目前处于 U 型曲线的前半段。研究表明创新投入对营业额的提升存在"阈值"，在未达到阈值之前，创新投入由于极大的风险对短期成长会产生抑制作用，然而，随着投入资金的不断增加，前期技术创新活动的风险也会逐渐降低，其成果也会逐渐显现并给企业带来即时收益。另外，结合董事会多元化、创新战略与短期成长的实证结论，董事会年龄多元化、平均受教育水平和权力层级不平等与创新战略正相关，地位层级不平等与创新战略负相关，而董事会年龄多元化、平均受教育水平和权力层级不平等通过创新战略对短期成长的瞬间间接效应均为负值，地位层级不平等通过创新战略对短期成长的瞬间间接效应为正值，表明目前创新战略对民营企业短期成长的影响处于 U 型曲线的前半段，也就是民营上市公司的创新投入水平仍然偏低，不能体现对企业销售收入的促进作用。

第三，创新战略与民营上市公司长期成长呈正相关关系。本书以 R&D 投入占销售收入之比作为创新战略的代理变量，以企业价值增长率衡量长期成长。研究发现，创新战略与民营企业长期成长之间存在正相关关系，只要企业不断进行创新活动，企业价值就会得到不断提升。因此，对于民营上市公司来说不能急于求成，而应保证持续充足的技术创新资源投入，耐心等待技术创新对企业成长发挥作用。

第四，创新战略在董事会多元化与公司短期成长、长期成长之间分别存在非线性和线性中介效应。董事会年龄多元化、平均受教育水平、权力层级不平等和地位层级不平等通过创新战略对短期成长产生显著影响，由于创新战略与短期成长存在 U 型关系，因此，创新战略的中介效应并不是固定的常数，而是随着董事会多元化变量取值的改变而发生改变，即存在非线性的中介作用。董事会年龄多元化、平均年龄、平均受教育水平、职能背景多元化和权力层级不平等通过创新战略对长期成长产生显著影响，因此，民营上市公司可以通过提高董事会成员年龄多元化、受教育水平、权力层级不平等程度和降低平均年龄、降低董事职能背景多元化来促进创新战略，从而提升企业价值的增长。

第五，董事会多元化与民营企业创新战略的关系受到外部情境因素的影响。由于民营上市公司的数据嵌套于各自行业（或区域）之中，数据处于不同层次，因此，采用多层线性模型（HLM）对数据进行分析。研究发现，产品市场竞争对董事会平均受教育水平、专业背景多元化和地位不平等与创新战略的关系存在显著调节效应，产品市场竞争越激烈，董事会平均受教育水平、专业背景多元化和地位不平等对民营企业创新战略的促进作用越大。区域经济发展水平对董事会年龄多元化、性别多元化和专业背景多元化与创新战略的关系存在显著调节效应，区域经济越发达，董事会年龄多元化、性别多元化和专业背景多元化对创新战略的促进作用越大。因此，行业环境和区域环境影响着董事会多元化对民营企业创新战略的作用边界，是非常重要且不容忽视的影响因素。

本书的创新之处主要体现在以下三个方面。

（1）从横向和纵向两个维度深化了董事会多元化结构的研究。在原有的董事会横向多元化结构研究的基础上，深度挖掘个体层面权力分配和地位差异的作用，以及由其形成的存在于董事会团队内部的显性正式层级和隐性非正式层级，从而更好地解释董事会多元化对创新战略及其绩效的影响。

（2）采用非线性中介的检验方法发现了创新战略在董事会多元化与民营企业短期成长之间的非线性中介作用。参照赵琳和谢永珍（2013）的做法，采用海斯和普瑞奇（Hayes and Preacher, 2010）提出的非线性中介检验的方法，运用SPSS 21.0加载宏MEDCURVE进行检验，通过执行bootstrap获取置信区间以检验董事会多元化通过创新战略影响短期成长的瞬间间接效应的显著性，研究发现：创新战略在董事会多元化与短期成长之间起到非线性中介的作用。

（3）采用多层线性模型发现了情境因素对董事会多元化与创新战略的跨层调节效应。本书引入行业环境和区域环境等外部情境因素，依据行业或区域将研究样本进行分层，采用多层线性模型（HLM）验证了产品市场竞争和区域经济发展水平对董事会多元化与民营企业创新战略关系的调节效应，研究发现：产品市场竞争和区域经济发展水平显著影响着二者之间的关系。

目 录

第1章 导　　论

1.1　问题的提出

1.1.1　研究背景

1. 民营企业成为"新常态"的主力军，其成长对于中国经济发展至关重要

民营企业作为一种古老、主要的企业组织形式已经广泛存在于世界各地，并对国民生产总值、人口就业、财富创造有着重大贡献（孙早和鲁政委，2003；Bammens、Voordeckersand Van Gils.，2011）。据全国工商联举办的"2014中国民营经济大家谈"活动中公布数据显示，截至2013年底，我国登记注册的私营企业达到1253.9万户，个体工商户达到4436.3万户，同比增长15.5%和9.3%。全国个体、私营经济从业人员实有2.19亿人，较2012年同期增长9.7%，持续、高效、大量地吸纳就业，依然是民营经济对国民经济发展的重要贡献之一。2013年，我国民营企业出口额9167.7亿美元，同比增长19.1%；进口5764.8亿美元，同比增长27.8%，分别高于整体增幅11.2和20.5个百分点。民营规模以上工业企业增加值累计增速为12.4%，虽然有所下降，但仍高于国有工业企业的6.9%和全部工业企业9.7%的平均水平。2013年，我国民营经济贡献的GDP总量超过60%，至少有19个省级行政区的贡献超过50%，作为改革开放前沿的广东省更是超过了80%。① 民营经济已占据中国半壁江山以上，在浙江、广东等省份，民营经济占的比重更高，在解决就业方面的贡献，已达到80%以上。② 可见，民营企业作为一种主要的企业组织形式，已成为我国国民经济的重要组成部分，是我国国民经济中最为活跃的经济增长点。

目前我国经济已经全面进入一个低成本、高效率、可持续的中高速增长的新阶段，在这种"新常态"下，国家将加大对国有企业、跨国企业垄断的监管力度，依靠行政和技术进行垄断的机会逐渐弱化，相反，国家将加大对民营经济的支持力度，民营经济将成为我国企业中数量最大、最具内在活力和动力的企业群体，成为新一轮科技革命、产业变革和技术创新的核心力量，成为"新常态"的主力军。

党的十八大报告指出，"毫不动摇鼓励、支持、引导非公有制经济发展，保证各种所有制经济依法平等使用生产要素、公平参与市场竞争、同等受到法律保护"。针对民营企业的发展现状，十八大报告还提出要加快转变经济发展方式，把推动发展的立足点转到提高质量和效益上来，这对于民营企业来说至关重要。党的十八大的召开以及对今后民营企业发展战略的部署为民营企业的发展注入了更多信心，为民营经济的发展与壮大提供更多、更广阔的空间和机遇。民营经济将大有作为，成为推动经济增长的关键力量、解决就业的主要途径和实现国家崛起战略的有力支撑。

2. 构建有效的董事会是公司治理理论与实践的核心问题

面临的环境发生改变，公司发展战略也要随之变化，上市公司要应对"新常态"、新机遇，作为公司治理中的决策机构，也是公司治理的核心，董事会要有所准备、有所应对。上市公司作为在证

---

① http://finance.sina.com.cn/hy/20140228/153518368391.shtml.

② 数字中国《人民日报海外版》2014年03月01日第01版。http://paper.people.com.cn/rmrbhwb/html/2014－03/01/content_1397076.htm.

券市场公开发行股票的公众公司，股东数量多，股权分散，董事会在公司治理中的重要性尤为突出，其作为决策机构能否履行好决策职责，更是直接关系到上市公司的生存与发展。

然而，近年来在国内外有关上市公司董事会丑闻频频发生，董事会治理的现状不容乐观，董事会并未能如人们所期望的那样履行自己的决策职责。例如，作为"造假"典范的科大创新因违规上市、虚报利润，以及部分高管涉嫌挪用公司资金高达 5000 万元、造成公司巨额亏损，2003 年年底公司原总裁和财务总监被逮捕，2004 年 4 月公司被中国证监会立案调查，直至有关责任人被法办。虽然丑闻更多是公司治理及外部环境等诸多因素相互作用的结果，不能单单归因于董事会。但是，作为上市公司的决策机构——董事会对此有不可推辞的责任。2004 年 5 月 19 日，上交所对科大创新及公司上任现任部分董事公开谴责。董事会的失职原因是什么呢？科大创新 7 名执行董事中 6 人为高校学者，专业背景相似，最终同质性的董事会导致了这一丑闻的发生。除此以外，还有许多与董事会有关的财经新闻使我们不由自主地思考什么样的董事会结构是合理的。

对于现代公司而言，董事、股东和管理层面临的治理问题很多，首先一个需要解决的问题就是董事会中的性别、种族和文化等多元化问题（Carter et al.，2003）。因此，多元化的问题受到了越来越广泛的关注。环顾全球，许多政府和交易所都在提倡董事会成员应多元化，例如挪威于 2004 年推出性别配额法（gender quota law），规定所有上市公司及国有企业将女性董事百分比增至 40%。西班牙、法国、意大利等国也实施同类法例。2009 年，美国证监会通过有关多元化的规则，于 2010 年 2 月 28 日生效。新法例规定上市公司需披露董事选择过程中是否考虑多元化情况（规则 S-K 第 407 项）。英国、马来西亚、新加坡等国都将董事会成员多元化纳入公司治理规则。另外，越来越多的公司在实践中也提倡董事会多元化，上海证券交易所于 2013 年 3 月开展了专项问卷调查（调查收到有效答卷 801 份，回收率 83.96%）。调查显示：确定董事人选最主要的考虑因素为"成员多元化"和"专业擅长"。大型的跨国公司如百事、宝洁、摩托罗拉和壳牌石油公司等，都认为董事会成员多元化有利于开发新产品和新市场等新的战略机会，从而提高公司绩效。在美国财富 1000 强，女性董事由 1990 年的 5.6% 和 1999 年的 12.3%（Farrell and Hersch，2005），到 2014 年，这一比例已升至大约 16.9%（Catalyst，2014）。[①] 2015 年中国上市公司中女性董事比例也有大幅度上升，1720 家上市公司都设置了女性董事，尤其是 70.9% 的民营上市公司中都有女性董事新加盟，这一现象显著提升了上市公司董事会运作效率。[②] 可见，构建多元化的董事会受到越来越多上市公司的青睐。

3. 民营企业的董事会战略职能日益受到关注

金融市场的全球化和自由化、公司治理丑闻和更强的问责和透明度将董事会的职责和运作成为公司治理辩论的核心（Kiel and Nicholson，2003；Ingleyand Van Der Walt，2005）。越来越多的社会力量提出了一个问题——董事会的角色应该是什么？虽然理论界和实践界普遍承认董事会控制和独立性的重要性，但是，董事会战略参与的角色已经引起广泛讨论（Zahra and Pearce，1989；Daily、Dalton and Cannella，2003；马连福和冯慧群，2013；刘小元和金媛媛，2014；Heyden et al.，2015）。

明确董事会的角色定位是董事会有效性的前提。董事会角色决定了董事会应履行的职责、需具备的关键成功因素以及董事会治理应达成的结果。目前普遍认为，董事会主要履行两种职能：一是监督职能，包括选择和解散管理层、评估管理层的业绩表现、设计薪酬方案、监督内部和外部审计；二是董事会参与、选择和实施企业战略。在委托—代理理论主导下，董事会的监督功能一直备受关

---

① http：//www.catalyst.org/knowledge/womenboards.

② http：//news.xinhuanet.com/local/2015 – 09/07/c_128202300.htm.

注，而董事会战略职能却很少被关注（Daily、Dalton and Cannella，2003；Ruigrok、Peck and Keller，2006）。战略参与作为董事会的一项核心职能，不仅影响着高管团队的业绩，而且关乎着公司绩效，我国部分上市公司亏损严重，可持续发展能力差的根本原因在于董事会的战略决策失误。董事会的战略职能是开发、维护和监控公司的核心竞争力以实现公司长期生存和发展的目的，战略决策往往解决具有不确定性、复杂性的事项和冲突。其中，技术创新战略已经成为公司获得竞争优势、扩大市场份额、促进公司业绩的关键战略。另外，文化、制度、市场竞争等情境因素对战略实施的影响得到了学者们的关注，如罗伯逊和法迪勒（Robertson and Fadil，1999）、田和特威特（Tian and Twite，2011）、李长娥和谢永珍（2016）等。

在 20 世纪 70 年代，美国的公司董事会通常是被动的，在企业失败后为了恢复公众信心才会更多地参与战略（Pugliese et al.，2009）；随着公司治理改革和机构投资者的影响使董事会成员逐步接近战略决策的制定，而在过去战略决策完全由 CEO 把控（Ruigrok、Peck and Keller，2006）。多元化甚至是存在部分矛盾的理论也对董事会战略参与的辩论做出了贡献。民营企业往往是高度集中某一人或家族手中，这时监督职能变得不再突出（Van den Heuvel、Van Gils and Voordeckers，2006），在这种治理结构下，董事会的监督职能被弱化，而战略职能占据了更重要的位置。

4. 对民营企业董事会治理的理论研究尚存在一定的局限性

目前董事会治理的理论研究，大多文献将重点放在董事会规模、独立性、领导权等结构特征上，试图建立董事会结构与公司绩效之间的关系，然而没有取得一致性的研究结论。本书认为研究结论不一致的可能原因包括三方面。一是先前的研究均假定董事会成员在履行监督和战略决策职能上是相同的；选择董事会规模或独立董事比例变量，意味着所有董事或外部董事对经理层的监督能力和对公司的战略参与是相同的，然而事实并非如此（Boivie、Jonesand

Khanna，2008）。董事拥有不同的专业背景、职能背景、政治关系等，对公司的贡献肯定有所差异，应关注董事会团队由于学历、性别、专业背景、职能背景不同所形成的多元化结构。二是大多研究都假定董事会结构直接作用于绩效，即"结构—绩效"的研究范式。这种范式直接观察二者之间的关系，未能证明这种关系中的董事会行为过程（board process）及其作用机制，董事会结构到绩效的逻辑关系需要重新审视（Pettigrew，1992）。学者开始注意到董事会在决策、控制方面的行为过程，"黑箱"呈现出逐步打开的趋势。三是大多文献都没有考虑董事会结构与绩效之间的内生性，郝云宏和周翼翔（2010）、温托基等（Wintoki et al.，2012）认为，这可能是造成董事会结构与绩效相矛盾结论的重要原因。上述问题的存在大大降低了董事会理论研究的实践指导意义。

目前董事会多元化已逐渐成为国内外理论界和实业界备受关注的课题，"结构—行为—绩效"的研究范式也逐步得到董事会研究领域学者们的认可。例如，福布斯和米利肯（Forbes and Milliken，1999）构建了董事会多元化通过董事会行为（努力规范、认知冲突和知识、技能的运用）影响董事会任务绩效的理论框架。米勒和特里亚纳（Millerand Triana，2009）、李小青（2012）、邵毅平和王引晟（2015）等作者遵循"结构—行为—绩效"的范式，但他们的研究仍存在一定的局限性。第一，董事会多元化主要关注年龄、学历、专业背景等横向属性，忽视了权力、地位等纵向特征；第二，目前部分文献虽然打破了传统"结构—绩效"的范式，关注了董事会治理行为的中介作用，并且大多基于线性视角。而实际上，董事会职能的履行不一定线性影响着公司绩效（Post and Byron，2015；谢永珍，2016），因此，董事会行为在董事会多元化与绩效之间可能的中介作用可能为非线性；第三，没有考虑情境因素。权变理论认为，不存在最佳的组织结构，最优的组织结构应取决于所处的情境因素（Zona、Zattoni and Minichilli，2013）。因此，行业环境和区域环境等情境因素应纳入董事会治理的研究框架。

1.1.2 研究问题

民营经济作为"新常态"的主力军,其可持续发展对于国民经济具有举足轻重的作用,那么如何才能促进民营企业的可持续发展与高质量成长呢?综观企业成长影响因素的研究,虽然影响企业成长的因素众多,但在当前激烈的市场竞争环境下,企业成长已经演变为企业资源的整体运用能力即战略能力的竞争,企业战略制定或决策能力是企业持续健康增长的根本保障(丁宇等,2015)。在全球竞争加剧和技术瞬息万变的环境下,创新被认为是企业生存和发展的核心和关键战略。党的十八大也明确提出:"科技创新是提高社会生产力和综合国力的战略支撑,必须摆在国家发展全局的核心位置。"实施创新发展战略,对我国民营经济形成国际竞争新优势、增强发展的长期动力具有战略意义。

作为战略的制定主体,董事会的设置从总体上决定了企业的创新投入、创新方式和创新绩效(鲁银梭和郝云宏,2012),进而影响着民营企业的成长。然而,由于创新活动通常具有巨大的不确定性、冗长的过程和复杂的任务等特点,为了保障董事会的决策需要,董事会成员必须拥有多方面的知识和经验,这样才可以为公司提供创新决策所需要的信息和资源。拥有不同知识、经验、能力的个体组成的团队,形成了董事会的横向多元化结构与纵向多元化结构。因此,本书集中研究董事会横向和纵向的多元化结构如何通过创新战略影响民营企业的成长。

另外,基于权变理论,企业组织是社会大系统中的一个开放型的子系统,受环境的影响。福布斯和米利肯(1999)认为,董事会职能和有效性的变化是情境因素的函数。经营环境的改变使得企业战略决策也会随之发生变化,只有组织战略与其内部资源和外部环境匹配协调,战略才能发挥其应有的作用。那么,行业环境和区域环境作为两个重要的、典型的外部情境因素,会对民营企业的创新战略产生什么影响呢?

综上所述，本书研究的主要问题是，董事会多元化特征如何通过创新战略影响民营企业的成长，以及行业环境和区域环境两个情境因素，是否会改变董事会多元化对创新战略的影响？

1.2 研究意义

1.2.1 理论意义

本书旨在研究民营上市公司董事会多元化对其成长的影响。本书在建立民营上市公司"董事会多元化结构—创新战略—公司成长"作用机理的基础上，以董事会多元化为解释变量，创新战略为中介变量，公司成长为被解释变量，产品市场竞争和区域经济发展水平为调节变量，分别从非线性和线性两个视角，分析董事会多元化特征如何通过创新战略影响民营上市公司的短期成长和长期成长；并考虑产品市场竞争和区域经济发展水平两个重要的外部情境因素，采用多层线性方法，分析其对董事会多元化结构与创新战略关系的影响。本书具有较为重要的理论意义。

第一，本书建立的"董事会多元化结构—创新战略—公司成长"作用机理模型，有助于深化董事会治理的研究框架。突破传统"董事会结构—公司绩效"的研究范式，引入董事会核心战略——创新战略作为中介变量，从理论上完善现有的董事会多元化与公司成长的逻辑结构，这对于拓展与丰富董事会治理研究的成果，强化董事会多元化以及董事会战略行为对公司成长作用的解释力等方面具有较为重要的理论意义。

第二，实现了区域层面的经济发展水平和行业层面的产品市场竞争程度与微观层面的公司董事会治理的有效对接，构建了区域环境和行业环境、董事会多元化结构、创新战略对民营企业成长影响的相对完整的理论体系，更加符合公司创新战略决策制定和公司成长的实践。

第三，"跨层的调节"与"非线性的中介"效应的验证方法，丰富了董事会治理的实证研究方法。本书引入行业环境和区域环境外部情境因素，由于公司嵌套于不同的行业或区域之中，依据行业或区域将研究样本进行分层，采用多层线性模型（HLM），验证行业环境或区域环境对董事会多元化性与民营企业创新战略关系的调节效应；本书突破以往基于线性逻辑检验中介效应的方法，参照赵琳、谢永珍（2013）的做法，采用海斯和普瑞奇（Hayes and Preacher，2010）提出的非线性中介检验的方法，运用 SPSS 21.0 加载宏 MEDCURVE，以检验董事会多元化通过创新战略行为影响短期成长的非线性中介作用。

1.2.2 实践意义

第一，本书将民营上市公司成长分为短期成长和长期成长，体现量和质统一的企业成长评价指标，引导上市公司在完善董事会结构、制定战略时，不仅关注短期成长指标的改善并且关注长期成长潜力的提升。

第二，本书基于"董事会多元化结构—创新战略—公司成长"的逻辑，分别从非线性和线性两个视角，验证创新战略在董事会多元化与民营上市公司短期成长和长期成长的中介作用，能够为民营上市公司的可持续发展与高质量成长提供更为科学的实证证据。本书的研究结论有利于引导民营上市公司通过构建合理的董事会结构、科学的创新战略决策等视角改善组织的自适应性促进其可持续发展能力。

第三，引导民营上市公司在创新战略决策时关注区域经济发展水平和产品市场竞争等情境因素，确保董事会成员在动态互动过程中进行权变分析，制定更加合理和科学的决策。

第四，本书的研究能够为投资者的投资决策提供依据，研究结论有助于引导投资者关注董事会多元化结构，发现公司治理结构被动合规的可能性，并重视公司的创新战略决策的制定，找出有价值的投资对象，规避投资风险。

1.3 研究目标与研究思路

1.3.1 研究目标

本书研究的总体目标是：构建情境因素、董事会多元化结构、创新战略对民营上市公司成长影响的理论体系，探寻在不同情境下，董事会多元化结构、创新战略对民营上市公司成长的影响效应及其规律。理论研究的终极目的在于指导民营上市公司的实践，为实现民营上市公司的可持续发展与高质量成长提供理论借鉴。

1.3.2 技术路线

本书的技术路线如图 1 - 1 所示。

1.3.3 内容安排

本书探寻在不同情境下，董事会多元化结构、创新战略对民营上市公司成长的影响，共分为六章。

第 1 章，导论。该部分主要分析选题的研究背景，并指出论题的理论意义和实践意义，明确本书的研究目标，结合研究思路形成技术路线图，进而说明本书结构安排，介绍所使用的主要研究方法，最后指出本书研究的主要创新点。

第 2 章，理论依据与相关研究述评。本章首先梳理董事会治理的相关理论，然后围绕情境因素、董事会多元化、创新战略与企业成长之间的关系进行文献综述。具体包括企业成长的影响因素及评价研究、董事会治理的投入—产出研究、行为研究、情境研究和演化研究，从而为理论模型的构建和假设的提出奠定基础。

第 3 章，董事会多元化、创新战略影响民营企业成长的机理分析。本章在界定董事会团队及董事会多元化的基础上，分析董事会多元化、创新战略对民营企业成长，以及情境因素对董事会多元化与创新战略关系影响的作用机理。

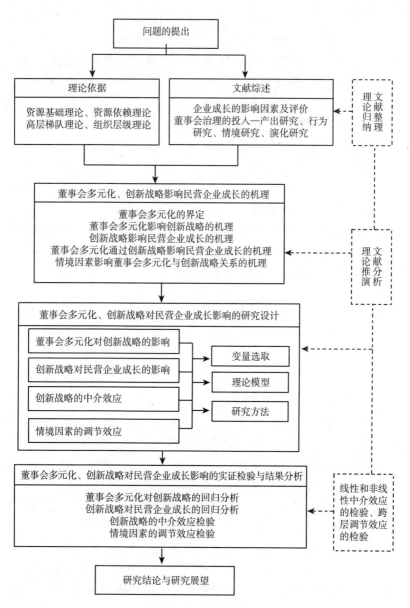

图 1-1　技术路线

第4章，董事会多元化、创新战略对民营企业成长影响的研究设计。根据理论分析和相关研究进展，提出董事会多元化与创新战略、创新战略与公司成长、创新战略中介效应和情境因素调节效应的研究假设，并构建相关的理论模型，介绍本书所采用的研究方法。

第5章，董事会多元化、创新战略对民营企业成长影响的实证检验与结果分析。本章利用民营上市公司的面板数据进行描述性统计，并分地区、分行业进行了方差分析，进行了相关性分析，然后运用SPSS的宏文件 MEDCURVE 和 PROCESS、HLM 进行假设检验，最后进行实证结果的分析。

第6章，研究结论与展望。归纳本书的研究结论，借以对中国民营上市公司提出管理建议，在此基础上，指出了本书研究存在的不足，并对未来的研究方向做了展望。

1.4　研究方法与研究创新

1.4.1　研究方法

1. 文献分析与理论演绎方法

运用文献分析与理论演绎方法，首先，对民营企业董事会战略职能进行分析。董事会职能的履行在董事会多元化与公司成长之间起到关键的中介作用，需要在分析董事会战略职能的基础上，对影响民营企业成长的关键战略——创新战略进行探讨。其次，梳理情境因素、董事会多元化结构、创新战略对公司成长的影响机理。这一部分是本书理论分析的核心，综合运用了资源基础理论、资源依赖理论、高层梯队理论、组织层级理论等，分析董事会多元化与创新战略、情境因素与创新战略、创新战略与公司成长等之间的逻辑关系，构建董事会多元化对民营企业成长形成机理的理论模型。最后，建立董事会多元化与创新战略、创新战略与企业成长、创新战略的中介效应、情境因素的调节效应等相关研究假设。

2. 比较分析方法

在理论分析中将民营企业成长分为短期成长和长期成长，分析了创新战略对二者所产生的不同影响并提出了相应的研究假设；在实证分析中，通过相应的检验方法对假设进行了验证，并且对董事会多元化是否能够通过创新战略来间接影响民营企业成长进行了比较分析。另外，采用方差分析，对不同年度、不同行业、不同地区的民营上市公司的董事会多元化、创新战略、短期成长、长期成长进行比较分析，分析董事会多元化、创新战略与公司成长随时间的动态演变趋势，并挖掘董事会多元化、创新战略与公司成长差异背后的原因。

3. 线性和非线性中介效应的检验方法

本书将民营企业成长分为短期成长和长期成长，董事会多元化通过创新战略对二者的影响是不同的，董事会多元化结构通过创新战略决策对公司成长的影响并非总是线性关系，有时存在非线性作用方式。依据机理分析，本书认为创新战略在董事会多元化与民营企业短期成长之间起着非线性的中介作用，在董事会多元化与民营企业长期成长之间起着线性的中介作用。本书突破传统中介效应检验的局限性，采用海斯和普瑞奇（2010）提出的方法验证创新战略的非线性中介效应，[①] 采用温忠麟和叶宝娟（2014）提出的检验中介效应的流程检验创新战略的线性中介效应，突破了巴伦和肯尼（Baron and Kenny，1986）对线性中介效应检验的局限性。

4. 跨层调节效应的检验方法

本书样本数据包含企业层次和行业层次（或区域层次），不同的企业属于同一行业（或区域），即数据存在嵌套关系，进行调节效应检验时不能运用 OLS 方法，否则导致估计误差。本书采用多层

[①] 该方法用于检验 X→M→Y 中，解释变量 X 对中介变量 M 存在非线性影响并且（或）M 对被解释变量 Y 存在非线性影响时，X 通过 M 对 Y 产生的瞬间间接效应。

线性模型分析软件 HLM，建立两层数据模型，检验产品市场竞争、区域经济发展水平对董事会多元化与创新战略之间关系的调节效应。

1.4.2 研究创新

本书研究董事会多元化通过创新战略的实施对民营企业成长的影响，以及不同情境因素对上述关系的影响。采用 2011～2015 年面板数据，根据董事会多元化、创新战略对公司成长的传导机制，确定研究假设，运用 SPSS 宏文件 MEDCURVE 和 PROCESS 验证创新战略对董事会多元化与公司成长的中介作用，运用 HLM 验证情境因素（如产品市场竞争、区域经济发展水平）对董事会多元化与创新战略之间关系的跨层调节作用。在此基础上，提出优化我国民营上市公司董事会多元化结构，改善我国民营上市公司成长的建议与措施。相对于已有研究，本书的创新体现在以下三方面。

（1）从横向和纵向两个维度深化了董事会多元化结构的研究。目前董事会多元化的研究大多局限于人口学特征、人力资本等，这些属性都是体现团队成员横向差异或相似性，却忽视了纵向属性。本书在原有的董事会横向多元化特征研究的基础上，深度挖掘个体层面权力分配和地位差异的作用及由其形成的存在于董事会团队内部的显性正式层级和隐性非正式层级，从而更好地解释董事会多元化对创新战略及公司绩效的影响。

（2）采用非线性中介的检验方法发现了创新战略在董事会多元化与民营企业短期成长之间的非线性中介作用。本书认为创新活动对民营企业成长的影响通常是滞后的，为了避免窗口期内经济环境的起伏变化和企业自身的变化，文章将民营企业成长指标分为长期和短期，并提出创新战略在董事会多元化与民营企业短期成长、长期成长之间分别起着非线性和线性中介作用的假设。本书参照赵琳和谢永珍（2013）的做法，采用海斯和普瑞奇（2010）提出的非线性中介检验的方法，运用 SPSS 21.0 加载宏 MEDCURVE 检验董事会多元化通过创新战略影响短期成长的瞬间间接效应的显著性，实证研究结论表明创新战略在董事会多元化与民营企业短期成长之间起到非线性中介的作用。另外，突破巴伦和肯尼（1986）检验线性中介的逐步法，根据温忠麟和叶宝娟（2014）提出检验中介效应的新流程，运用 SPSS 宏文件 PROCESS 对创新战略在董事会多元化与民营企业长期成长的线性中介进行检验，实证研究结论表明创新战略在董事会多元化与民营企业长期成长之间起到线性中介的作用。

（3）采用多层线性模型发现了情境因素对董事会多元化与创新战略的跨层调节效应。目前文献主要是基于创新战略的内生理论或外生理论来探讨董事会多元化与创新战略的关系，忽视了内部特征和外部环境的相互作用和相互影响，企业创新战略决策往往是不同层面交互作用的结果。鉴于此，本书引入行业环境和区域环境等外部情境因素，依据行业或区域将研究样本进行分层，采用多层线性模型（HLM）对情境因素对董事会多元化与民营企业创新战略之间关系的调节效应进行验证，结果表明产品市场竞争和区域经济发展水平是重要的情境因素，产品市场竞争对董事会平均受教育水平、专业背景多元化和地位不平等与创新战略之间存在显著调节效应，区域经济发展水平对董事会年龄多元化、性别多元化和专业背景多元化与创新战略之间存在显著调节效应。

第2章　理论依据与相关研究述评

2.1　理论依据

许多董事会治理的研究已经对董事会职能进行了划分，并且认为，董事会职能在董事会成员特征和公司绩效之间起中介作用（Zahra and Pearce，1989；Forbes and Milliken，1999）。扎拉和皮尔斯（Zahra and Pearce，1989）、斯蒂尔斯和泰勒（Stiles and Taylor，2001）、休斯（Huse，2007）、李维安等（2009）等认为董事会有三个重要的董事会职能：服务职能、控制职能和战略职能。福布斯和米利肯（1999）认为，董事会主要有两大职能：控制职能和服务职能。其中，控制职能主要是挑选、解聘及奖励CEO以及重大决策的批准；服务职能主要是在公司重大事件中提供洞察力和详细的意见，如收购或重组，在董事会会议或非正式活动中提出和分析战略选择。佐纳和扎托尼（Zona and Zattoni，2007）提出董事会的三大任务：服务、控制和网络。董事会服务任务包括战略方案的评估和选择，提供建议以改善战略决策的质量等相关的活动；控制任务是指控制公司业绩、监督公司活动，评估CEO行为等相关的活动；网络任务是指为公司提供有利资源、促进公司与外部环境的和谐性。可见，学者们对董事会应履行的职能范围基本相同，只是每种职能界定外延略有差异。本书认为董事会主要履行两种职能：监督和战略。公司治理的研究一直以来由代理理论所主导，因此，董事会的监督职能备受关注。目前从演进的视角来看，董事会已经从简单合规性的次要管理，进展到积极参与战略决策过程的主要涉入（Ovidiu-Niculae，Lucian and Cristiana，2012），董事会战略职能也被广泛认为是董事会最重要的任务（Huse，2007；Pugliese et al.，2009；马连福和冯慧群，2013；Heyden et al.，2015 等）。然而，目前关于董事会的战略参与职能没有统一的定义，已有研究中对董事会战略参与的表述存在很大差异，详见表2-1。

表2-1　　　　　　　董事会战略参与的主要表述

代表文献	具体的表述
安德鲁斯（Andrews，1980）	董事会参与关键战略事项，如，提出备选方案和寻找新机会，同时，支持管理者的设想，概观创新流程和审核CEO的主张
贾奇和泽塔姆（Judge and Zeithaml，1992）	制定影响组织长期绩效的非常规的、组织层面的资源分配决策
闰多瓦（Rindova，1999）	环境扫描、解释和战略规划
麦克纳尔蒂和佩蒂格鲁（McNulty and Pettigrew，1999）	选择、改变和控制作为企业战略的关键方面，将董事会参与策略划分为3个层次：选择决策、调整决策和调整决策的内容、环境和行为
王和李（Ong and Lee，2000）	扫描环境、资产采购、对资产剥离、收购、研发支出和资本支出等战略的计划、实施和评估
斯蒂尔斯和泰勒（2001）	通过一系列活动设置战略的情境，如审查企业定位、积极评估和审查战略提议、通过评论和咨询改变提议、通过董事的选择鼓励管理者参与战略目标的制定
亨得利和基尔（Hendry and Kiel，2004）	战略控制和财务控制
龚红，宁向东和崔涛（2007）	从战略判断、战略计划与预算再到战略执行的全过程
鲁格洛克、佩克和凯勒（Ruigrok、Peck and Keller，2006）	制定战略目标、发展战略选择、评估战略选择、实施企业战略、评价战略实施

代表文献	具体的表述
休斯（2007）	公司使命的发展、战略设想和形成、战略实施
麦克霍尔德等（Machold et al., 2011）	积极提出战略建议、对长期战略和主要目标作出决策、实施战略决策、控制和评估战略决策
欧威迪－尼库莱、卢西恩和克里斯蒂娜（Ovidiu-Niculae、Lucian and Cristiana, 2012）	分析决策环境、分析不同的战略选择方案、战略实施、战略控制和监控
纪成君和张爽（2015）	企业长远目标的建立、战略任务的实施与发展、资源利用与分配、公司生产经营计划和投资方案

普格里斯等（Pugliese et al., 2009）对2007年以前发表150篇期刊进行内容分析，发现近50%的文章没有阐述董事会战略参与的具体含义，尝试进行具体的定义可能会使之变得更加复杂，认为之所以出现不同的表述，是因为他们依据的理论是不一致的。委托—代理理论和管理霸权理论都是基于所有权和经营权的分离，管理者存在"机会主义"，董事会对公司战略过程贡献很小，更多的是履行监督职责，没有参与战略决策的制定。管理霸权理论框架下，董事会被称为"橡皮图章"，战略职能表现为审查批准战略决策；代理理论下，董事会也是被动地履行战略职能，主要是通过战略控制来参与。随着理论界对董事会介入战略认识的日益深入，董事会参与战略的态度也由被动转为主动，资源依赖理论强调董事会是公司获取外部资源的重要途径，作为资源提供者，能够参与公司战略，但仍然是协助者，然而没有处于主导地位；管家理论框架下，董事会负责评审由管理者制定的战略、指导管理者实现企业的使命和目标等，在战略参与上体现为更加积极主动的参与者形象；战略选择理论和认知理论认为董事的知识和经验对董事会参与战略决策是非常重要的，还致力于打开董事会战略参与的黑箱。由此可见，董事会参与公司战略的深度和广度都大大地提高了。

由于公司治理丑闻的频频暴露，投资者对董事会的受托责任提出了强烈要求，以保证其做出的战略决策对组织生存和发展没有危害，从而将董事会战略职能置于公司治理体系的核心位置（Kiel and Nicholson，2003；Ingley and Van Der Wal，2005）。同时，在经济全球化和资本市场自由化背景下，机构投资者依托强大的资本实力要求董事会积极、主动地参与到更大范围的公司战略规划和重大投资决策中去，以应对日益复杂的经营环境，保证企业科学决策和可持续发展（Zahra and Pearce，1989）。董事会从简单合规性的次要管理逐渐进展到积极参与战略决策过程，最终成为公司战略的主导和核心（Ovidiu-Niculae，Lucian and Cristiana，2012），战略职能也从被动审查批准战略决策发展到积极参与战略管理的全过程，包括公司目标的分析与环境评估、战略决策、战略实施、战略控制和评价。董事会参与企业所有战略管理的全过程是广义的战略参与，而本书所强调的是企业具体战略管理（创新战略）的全过程，即狭义的战略参与（刘小元和金媛媛，2014）。

国内外学者基于不同的理论视角，对情境因素、董事会多元化结构、创新战略与企业成长之间的关系提供了不同的解释。

2.1.1　资源基础理论

企业资源基础理论（resource-based view）是 20 世纪 80 年代末 90 年代初发展起来的（Barney，1991；Amit and Schoemaker，1993），是从内部的角度强调资源的价值。资源基础理论的基本框架是企业拥有异质的、不易流动的资源束，从而形成有价值的、罕见的、独特的和不可替代的战略价值资源，使得长期占有独特资源的企业更容易获得持久的超额利润和竞争优势（Barney，1991）。实质上，建立了"资源—战略—绩效"的框架体系，企业有价值的、稀缺的资源形成了某种被模仿或者复制的隔离机制，有助于企业制定和实施有价值的战略，从而形成企业的持续竞争优势改善企业绩效。

巴尼和赖特（Barney and Wright，2001）对自资源基础理论提出十年以来的文献进行了梳理，认为该理论是理解战略管理最具影响力的理论框架，并且资源基础理论与公司治理之间的联系存在很大的发展空间。在公司治理结构中，董事会团队是公司战略决策制定的主体，被看作公司重要的战略人力资本来源。卡斯坦尼亚斯和海尔法特（Castanias and Helfat，2001）认为，相对于传统的代理理论，人力资本对于公司治理更为重要。与企业的技术和物质资源不同，人力资本不易被模仿，其如何在组织内运作成为公司之间关键的差异化因素，通过拥有不同的技能、经验和知识等为企业创造经济价值。为了与重要客户的人口学特征更好地搭配，组织可能会通过增加与客户相同或相似属性的员工数量，从而更好地了解特定客户的偏好和需求，获取市场竞争优势。由于人力资本具有主观性、模糊性和创造性，尤其是多元化的人力资本，不同技能、知识的组合更加难以捉摸和难以理解，从而形成天然的知识壁垒（knowledge barrier），成为企业难以复制和难以替代的战略资源（Richard，2000）。尤其对于公司战略决策制定主体董事会团队来说，其"战略性"的任务要求更是决定了其是公司战略资源和获取持续竞争优势的关键源泉。

西蒙和希特（Sirmon and Hitt，2003）将资源基础理论运用到家族企业领域。他们指出，家族企业中家庭成员对人力资本储备有积极的作用，兼有企业和家族双层关系使其对企业业务更加了解，拥有忠诚的行为、强烈的动机和长远的战略视角。此外，基于代际传承考虑，许多家族企业遵循长期投资战略，长期战略取向也促进社会资本的获取，尤其是，与供应商、金融家和其他利益相关者帮助建立独特的资源配置。因此，资源基础理论为民营企业获取独特的资源提供了有利的视角。

2.1.2 资源依赖理论

资源依赖理论是普菲弗（Pfeffer）等学者提出的战略权变理

论。该理论认为，组织是一个开放系统，其生存和发展依赖于外部组织和环境因素。公司只有依赖于外部环境的资源才能生存，而这种依赖性也会给公司带来风险。为了减少这种依赖性和环境的不确定性，企业可以培养与控制这些资源的外部实体之间的联系（Pfeffer and Salancik，1978）。

董事会作为边界扫描者，是公司获取外部资源、与外部组织建立联系的重要途径，收集关于环境变化、核心竞争力和主要的外部利益主体的信息，从而降低组织对环境的依赖，降低公司战略决策的不确定性。董事会能提供的四种类型的资源是：（1）建议和咨询；（2）建立公司与外部的沟通渠道；（3）获得外部组织的支持；（4）保障公司的合法性（Pfeffer and Salancik，1978）。希尔曼、坎内拉和佩措尔德（Hillman、Cannellaand Paetzold，2000）将上述四个好处扩展到董事的不同类型：内部人、业务专家、支持专家和团体影响者，[①] 并认为不同类型的董事将为公司提供不同的有利资源。

战略过程的复杂性和不确定性要求董事参与信息的输入和在战略行动中对经理层的指导和监督（Ong and Lee，2000）。董事会为公司提供资源和建议的能力取决于其拥有的董事会资本（Hillman and Dalziel，2003），而多元化的董事会专业知识与经验是构成董事会资本的关键要素。多元化程度越高的董事会将提供越多的有价值的资源，也将产生更好的绩效。例如，年龄多元化的董事会可以确保更有效地分工运作，年轻的董事能为董事会决策带来更大的动

---

① 内部人主要是现任和前任董事，他们能为公司提供指导公司战略方向的经验和在金融、法律等领域专有的知识；业务专家是指在其他公司任职或曾经任职的高级管理者，能为公司提供关于竞争、战略决策制定和解决问题的专业知识、针对内部和外部的问题提供可供选择的议案、建立公司间的沟通渠道、保障合法性；支持专家是指律师、银行家、保险公司代表、公共关系专家，能为公司提供法律、银行、保险和公共关系方面的专门知识、为供应商或政府机构提供沟通渠道、获取重要资源如金融资本和法律支持、保障合法性；团体影响者是指政治领导人、大学教师、社会或团体组织的领导者，能够为公司提供非商业视角的想法、增加对社会团体的了解和强有力的影响、代表产品或供应市场以外的利益、保障合法性。

力，而年长的董事能提供经验、智慧和资源；性别多元化能给董事会带来新的、不同的对消费市场的理解，也有利于形成和谐的决策氛围；职能背景多元化能促进董事会从不同视角分析其环境和制定战略决策，避免片面性，也更加有利于保障公司的合法性。

2.1.3 高层梯队理论

高层梯队理论（upper echelons theory，UET）植根于蔡尔德（Child，1972）的观点，高层管理人员的决策和选择影响着公司绩效。该理论随着汉布里克和梅森（Hambrick and Mason，1984）的研究得到进一步发展并被广泛引用。由于管理者的有限理性，管理者不可能对所有方面进行全面认识，管理者的认知框架影响着对内外部环境的解释。认知框架首先限制管理者的视野或关注的环境区域，还会使导致管理者选择性参与，以及影响后期的信息处理。即，管理者认知框架影响着他们的战略选择，并进而影响企业绩效。然而，管理者的认知框架难以度量，通常选择管理者的人口学特征作为代理变量。因此，高层管理团队的人口学特征决定了战略决策过程及其绩效结果（Hambrick and Mason，1984；Hambrick，2007）。其逻辑结构如图2－1所示。

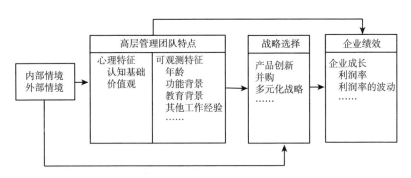

图2－1　高层梯队理论的框架

资料来源：根据汉布里克和梅森（1984）的文献进行整理。

尽管高层梯队理论最初集中在高层管理团队，但是由于董事会通常被称为"超级高层管理团队"，所以，该理论也应用于董事会的研究之中（Finkelstein，Hambrick and Cannella，2009）。作为参与战略决策过程的一个顶级团队，董事会成员的认知和解释将反映其认知基础（cognitive base）。认知基础约束了董事会成员的视野或分析的环境范围，通常还会产生选择性认知，以及影响后期的信息处理，从而影响战略决策的选择。由于个体的认知基础和价值观是由经验慢慢积累所形成的，人口学特征被认为较合理的测量指标，其具有客观性、可理解性、逻辑一致性和可测试性，比内在心理过程对结果变量更有解释力（Hambrick and Mason，1984）。董事会团队的特征影响着其对环境的分析、信息的处理，进而影响着战略方案的制定和选择，直接或间接地影响公司绩效。同时，该理论还强调了情境因素的重要性，情境因素影响着管理者的类型或特点，例如，银行业规定要求行长应拥有丰富的银行从业经验；铁路行业成长缓慢通常其管理层年龄较年长一些，而电子信息行业偏年轻化且在公司服务时间相对较短。公司所处的情境也影响着战略方案的选择，在稳定的或动荡的情境下，管理层特征对战略选择的影响存在很大差异甚至会产生相反的影响。汉布里克和梅森（1984）提到，未来应继续探索情境因素与人口学特征的交互作用对公司战略选择和公司绩效的影响。因此，高层梯队理论为研究情境因素、董事会多元化与组织产出之间的联系提供了明确的理论依据。

2.1.4 组织层级理论

层级以各种形态普遍存在于各种团体和组织中，是社会关系的最基本特征之一。当团队中少数人拥有大多数地位、资源不均匀分布、职位或角色授予不同的权力时，团队内部就会产生层级。组织层级是个人或团队在有价值的社会维度上隐式或显式的等级次序（Mageeand Galinsky，2008）。层级结构有许多不同的形式，例如，团队成员可能按照他们的权力或影响他人的能力进行排序；也可能依据其他团队成员对其地位、尊重或钦佩进行排序。当某些职位的权力被授予时，层级被正式地划定，当团队由不同的地位和影响力的人组成时，层级将会以非正式的方式出现。无论是由于正式或非正式所形成的，层级都会使团队成员了解在进行决策时他们应顺从于谁以及谁会顺从于他们，由于拥有的权力或资源分布不均与，会形成少数人处于顶端而大多数人处于底部的"金字塔"结构（Magee and Galinsky，2008）。

马吉和加林斯基（Magee and Galinsky，2008）基于西方文献对组织层级理论进行了整合，他们认为在组织中尤其是任务导向团队层级主要具有两大功能。一是层级结构能建立社会秩序和促进内部协调。层级通过给予一个人或少数人控制权，团队领导人被赋予权力去影响决策并指导其他人行为，而处于低等级的团队成员被期望于顺从他们并保留自己的观点，因此，权力的集中性有助于团队有效地决策并避免冲突。通过赋予最具影响力的个体高权力，层级还可以提高团队决策的质量，因为团队的目标或战略决策往往模棱两可和错综复杂，具有影响力的人通常被认为是最有能力的并能作出更好的决策。层级能够清晰地对团队成员拥有的资源和影响力进行有序地划分，有利于信息团队成员之间有效地流动和整合（Anderson and Brown，2010）。二是层级能激励在团体或组织中的个人。由于个体总是尝试追求团队或组织中更高的等级，因为高的等级能为其带来更多的物质利益和精神上的奖励和安慰，层级不仅提供次序和稳定，而且高的等级会带来更大的机会来满足其他需求，如自主权、内部控制、尊重等。层级的激励功能对与组织也是有利的。正式层级的连续晋升能为员工提供职业阶梯，对更高等级的预期能激励低等级的人更加努力来实现组织目标。因此，个人期望获得更高的等级，只要等级符合组织目标，这样个体的个人利益与组织利益相一致，层级的激励作用也有利于组织（Magee and Galinsky，2008）。

由于在董事会这一精英团队中每个董事所具有的管理和专业能力、影响力的大小有所差异，一般而言，能力或影响力越强，越容易受到来自其他成员的尊重和顺从，从而形成层级结构，从而水平型董事会结构转变为塔形董事会结构。当董事会层级结构越清晰，越能为董事会团队提供一个清晰的社会次序（He and Huang，2011），当决策过程中董事们意见相左时有助于减少董事间的情感冲突，鼓励董事分享知识并维护董事间的合作，对于提高决策质量具有积极的作用。在我国"关系本位"与"权威服从"的社会文化背景以及市场化程度不高的治理情境下，层级结构更有助于冲突的解决与效率的提升（曾江洪和肖涛，2015；张耀伟，陈世山和李维安，2015；谢永珍等，2015）。

2.1.5 不同理论视角的综合分析

资源基础理论、资源依赖理论、高层梯队理论和组织层级理论都是以社会人假设为基础的，认为从本质上董事会是一个由人构成的团队，与其他团队相同，团队成员特征的互补及其相互之间交互有助于提高决策过程的效率，保证战略决策的科学性，从而促进企业成长。然而，根据上述理论分析，四个理论分别从不同视角为情景因素、董事会多元化、创新战略与民营企业成长之间的关系提供了理论基础。

首先，理论侧重点有所不同。资源基础理论强调企业内部资源是获取持续竞争优势的源泉，而对企业外部情境重视不够，因而由此产生的企业战略可能不能适应市场环境的变化。资源依赖理论重点揭示了组织与环境的依赖关系，组织可以采用各种策略来改变自己、选择环境和适应环境。高层梯队理论同时考虑了内部资源和外部情境，但是重点强调的是董事会的人口学特征。组织层级理论强调的是团队成员由于拥有权力和资源差异形成的层级结构。

其次，建立的理论框架有所差异。资源基础理论认为企业拥有异质的、不易流动的资源束，从而形成战略价值资源，使长期占有独特资源的企业获取长久的竞争优势。高层梯队理论则认为高层管理团队的特征决定了战略决策过程，进而影响公司绩效。二者实质上均建立了"董事会特征—战略—绩效"的理论框架体系。资源依赖理论和高层梯队理论还强调了情境因素的影响，公司战略决策的制定不可能在真空中运营，董事会在决策时必须要考虑企业所嵌入的内部和外部环境特征，因此，需要对董事会多元化结构与战略决策之间的关系进行权变分析。

再次，所关注的董事会特征有所差异。四个理论均是关注董事会的内部结构，但是资源基础理论、资源依赖理论、高层梯队理论主要关注董事会的人力资本、社会资本、人口学特征等显性的静态特征。而组织层级理论直接关注董事会成员之间权力分配的显性特征和地位差异等隐性特征。

基于单一理论视角不可能对董事会多方面、复杂的职能或任务提供公正的判断，采用多元理论来解释董事会的作用，这样有助于理解情境因素、董事会资本、战略等与公司绩效之间的联系（Hill-man and Dalziel，2003）。总之，从资源基础理论、资源依赖理论、高层梯队理论到组织层级理论，对董事会多元化结构与民营企业成长之间的关系呈现了从"内部"到"外部"再到"内外交互"、从静态的显性特征到隐性的动态交互的趋势。

2.2　企业成长的影响因素及评价的相关研究

2.2.1　企业成长的影响因素

学者对影响企业成长的因素进行了大量的分析研究，目前相关研究主要围绕内部因素与外部因素两个方面。针对企业成长的内部影响因素，主要集中在资本结构（Lang，Ofek and Stulz，1996；吕长江、金超和陈英，2006；张玉明和王墨潇，2013；刘玉来，2016）、治理结构（Morck et al.，2005；黄昕、李常洪和薛艳梅，2010；王希泉和申俊龙，2015；杨洋、吴应宇和韩静，2016）、无形资产和技术创新（Bottazzi et al.，2001；蔡鑫磊和李勤，2010；牛雄鹰和李鑫伟，2016）、企业文化（宋英华、庄越和张乃平，2011；秦德智、赵德森和姚岚，2015）、企业家资本（贺小刚和沈瑜，2008；李巍和许晖，2016）等方面。

在外部因素方面，克鲁格曼（Krugman，1991）认为，公司坐落地点对于公司的成长具有较大影响。索尔韦和桑格利耶（Solvay and Sanglier，1998）认为公司成长主要取决于长期技术进步趋势和短期需求波动。贝克等（Beck et al.，2005）利用 54 个国家企业层面的数据，研究表明，与发达国家相比，在发展中国家企业成长更多地受融资、法律制度和高腐败率的影响；行业特征对企业成长有显著影响。张玉明和刘德胜（2009）从政策法律环境、产业演化和行业发展、企业集群、区域创新网络、金融生态环境、社会服务及基础设施建设等方面分析了对山东地区中小型科技企业成长的影响。

尽管数以百计的研究解释了公司成长的差异，但是依然无法识别出哪些变量对企业成长有一致性的影响（Wiklund、Patzelt and Shepherd，2009）。关于影响企业成长的因素目前更多的是从企业内部进行分析，而较少关注企业外部环境因素的影响（杜传忠和郭树龙，2012）。事实上，在现实经济中企业成长同时受内部因素和外部环境的影响。目前，有学者认为应该同时从内、外部两个方面来分析促进和保持企业高速成长的驱动因素，例如，祁顺生和李国伟（2006）、维克隆德、帕策尔特和谢泼德（Wiklund，Patzelt and Shepherd，2009）、张鲁秀等（2016）。

综观企业成长影响因素的研究，虽然影响企业成长的因素众多，但在当前激烈的市场竞争环境下，企业成长已经演变为企业资源的整体运用能力即战略能力的竞争，企业战略制定或决策能力是企业持续健康增长的根本保障（丁宇等，2015）。作为企业战略决策主体——董事会对公司成长的影响往往被忽视。董事会的核心职能是战略决策，以确保公司的经营活动在正确的轨道上运行。董事会是连接股东与经理人之间的桥梁，在法人治理结构中处于核心地位，如果公司的董事会治理出现问题，势必会影响公司的可持续发展。

2.2.2　企业成长的评价

关于企业成长研究需要克服的主要障碍之一是确定适当的评价指标（McKelvie and Wiklund，2010）。这实质上是确定适当的被解释变量来有效地捕捉企业成长。国外对于成长评价更注重驱动因素的研究。例如，库珀、吉米诺加斯康和吴（Cooper、Gimeno-Gascon and Woo，1994）和哈特和奥尔顿（Hart and Oulton，1996）将3年期间的雇员人数的相对增长作为测评指标；朗和斯图斯（Lang and Stulz，1994）选择第 t + 1 年的净投资额/第 t 年的固定资产账面价值、资本支出增长率和员工人数增长率三个指标来描述企业成长；周和德维特（Zhou and De Wit，2009）以员工人数增长率来衡量公司成长。与国外的研究不同，国内更侧重于对财务指标，主要集中在净利润增长率（岑成德，2002）、托宾 Q 值（蒋美云，2005；陈前前和张玉明，2015）、总资产增长率（徐向艺和尹映集，2014）、收入增长率（杜晓光，2013），或上述指标的合成（王青燕和何有世，2005；吕长江、金超和陈英，2006；李定珍等，2007；鲍新中和李晓非，2010；黄昕等，2010；陈霞和马连福，2015 等），大多采用突变计数法、因子分析、层次分析、聚类分析等方法构建企业成长性综合指数。

综观国内外关于企业成长评价的研究，对企业成长进行科学、客观的评价需明确界定公司成长的评价指标与影响因素。彭罗斯（Penrose）于 1959 年建立了一个"企业资源—企业能力—企业成长"的分析框架，由此可见，企业资源是企业成长的前置因素，不适宜作为公司成长的评价指标。另外，企业成长是量的成长和质的成长相结合的过程，应构建基于质与量相结合、短期和长期相结合的评价指标，这样才能全面衡量企业成长，保障企业可持续发展，得出的结论才更有实践价值和指导意义。

2.3　董事会治理的相关研究

加布里埃尔松和休斯（Gabrielsson and Huse，2004）对美国和国际顶级期刊 1990 ~ 2002 年关于董事会治理的 127 篇实证文献进行分析，将情境和行为视角作为两个维度建立 2 × 2 矩阵，将董事会治理划分为：投入—产出研究（input-output study）、情境研究（contigency study）、行为研究（behavioral study）和演化研究（evolutionary study）四类（见图 2 - 2）。投入—产出研究的特点是直接建立董事会结构或特征与绩效的直接关系，将董事会如何运作视为黑箱。情境研究的特点是强调情境因素，把董事会作为一个开放系统，以利益相关者这一更广泛的视角来看，强调董事会与环境的交互。行为研究关注董事会运作、流程和决策的制定。演化研究则是集合了情境研究和行为研究。本书按照加布里埃尔松和休斯（2004）的做法，对董事会多元化与公司成长的相关研究进行梳理。

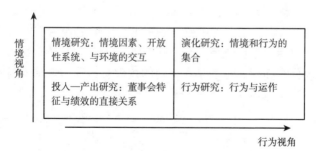

图 2 - 2　董事会治理的种类划分

资料来源：根据加布里埃尔松和休斯（2004）的观点进行整理。

2.3.1 董事会治理的投入—产出研究

根据休斯等（Huse et al.，2011）的文献回顾，董事会治理的主流研究验证的是董事会团队属性与公司绩效（"投入—产出"型研究）的关系。根据本书的研究问题，本书主要关注董事会多元化结构与企业成长或企业绩效之间的关系。董事会多元化是在团队多元化基础上发展起来的，所谓团队多元化是指团队成员在某一属性上的不同和差异，强调的是团队成员在某一共同属性上的分布特征和差异化程度。目前，董事会多元化结构主要关注年龄、性别、种族或民族、教育背景、职能背景、任期等属性。学者们假设董事会多元化直接作用于绩效，此领域的研究又分为单一理论与多维理论相结合两个视角。

1. 年龄多元化对企业成长的影响

年龄既反映董事的社会阅历又反映风险倾向，进而影响其对公司战略决策和监督职能的履行。董事会年龄特征与组织产出的研究多是用董事会平均年龄、年龄的标准差、变异系数、Blau 指数来衡量，以 ROA、托宾 Q、社会绩效等作为被解释变量，详见表 2-2。

2. 性别多元化对企业成长的影响

董事会成员的性别属性仅仅是多元化的一个方面。然而，性别多元化是现代公司所面临的最重要的问题之一（Carter et al.，2003）。性别属性之所以引起广泛关注不仅仅是在组织研究中而且还包括在政治、社会领域（Kang et al.，2007）。尽管目前有许多女性已占领公司高层，特别是在公司的董事会，然而增加女性董事已经成为一个全球性问题。

目前已有 25 个国家的立法或公司治理准则要求或鼓励公司任命女性董事。例如，挪威在 2003 年首先推出性别配额法（gender quota law），要求国有企业在 2006 年、上市公司在 2008 年必须将女性董事百分比增至 40%。随后，西班牙、芬兰、加拿大、以色列、冰岛、肯尼亚、法国、意大利和比利时等 9 个国家也实行了性别配

表 2 - 2　董事会团队年龄对企业成长影响的实证研究

作　者	研究样本	被解释变量	解释变量	研究结论
安和沃克（Ahn and Walker, 2007）	美国 1981~1997 年发生剥离的 103 家公司	公司是否剥离	董事会平均年龄	董事会平均年龄与公司进行剥离的可能性呈显著相关关系
李洪和李清（2010）	195 家样本公司	经济增加值	独立董事年龄（以 5 作为组距将样本划分为 7 个组）	独立董事的年龄与公司绩效呈现倒 U 型关系，独立董事处于 40~60 岁时对企业的正面影响最大
李民（2012）	我国上市公司 2005~2010 年数据	总资产收益率和托宾 Q 值	董事会成员年龄的标准差	董事会成员年龄差异与公司业绩波动呈负相关关系
普拉特和普拉特（Platt and Platt, 2012）	美国 1998~2009 年 87 家申请破产保护的上市公司和 205 家配对样本	是否申请破产保护	董事会成员的平均年龄	成功公司董事的平均年龄是 59.5 岁，而破产的公司董事会平均年龄只有 57 岁，并且在显著差异。可见，董事会平均年龄越大，董事经验越丰富，从而能避免破产
马哈迪奥、索巴罗扬和哈努曼（Mahadeo, Soobaroyen and Hanuman, 2012）	毛里求斯 2007 年在股票交易所上市的 42 家公司	财务绩效	年龄分段异质性指标数	董事会年龄多元化与公司绩效显著正相关
郑梅莲和程序丹（2012）	2010 年深交所非金融业 A 股上市公司	盈余信息质量、信息披露质量	独立董事年龄的变异系数	独立董事年龄异质性可以提升会计信息的质量

续表

作　者	研究样本	被解释变量	解释变量	研究结论
锡特朋潘尼奇和波西里（Sitthipongpanich and Polsiri, 2013）	2001～2005年泰国SET非金融上市公司	托宾Q值	董事会成员年龄HHI指数	年龄异质性与公司价值正相关
哈夫斯和图尔古特（Hafsi and Turgut, 2013）	运用2005年S&P500公司	KLD社会绩效指数	董事会成员年龄的变异系数	董事会年龄异质性与公司社会责任绩效负相关
田高良等（2013）	中国A股上市公司2004～2010年的8868家公司	股价信息含量	董事会成员年龄的标准差	董事会年龄多元化能显著提高股价信息含量
李小青和孙银风（2014）	我国沪深两市2002～2012年上市的16家商业银行	财务绩效、金融创新	董事会成员年龄的变异系数	年龄异质性与金融创新、财务绩效显著正相关
郝云宏、甘甜和林仙云（2014）	深市中小板的2009～2011年的上市公司	资产收益率、净资产收益率、托宾Q值	独立董事平均年龄	独立董事年龄与公司短期绩效呈负相关关系，与长期绩效的托宾Q值的相关关系不显著
梅西埃苏伊沙利阿齐兹（Mercier-Suissa and Aziz, 2015）	随机抽取2013年41个黎巴嫩公司	社会责任绩效	董事会成员年龄的变异系数	董事会年龄异质性与绩效没有显著关系

额法。① 澳大利亚、奥地利、丹麦、德国、爱尔兰、卢森堡、马拉维、马来西亚、荷兰、尼日利亚、波兰、南非、瑞典、英国、美国等 15 个国家的公司治理准则要求报告董事会性别结构或多元化结构（Terjesen，Aguilera and Lorenz，2015）。无论是自愿的还是立法规定，这些举措都清楚地表明，女性董事的存在可能以重要的方式影响着公司治理（Adams and Ferreira，2009），这么多国家的立法或规则已凸显出研究董事会性别结构的重要性。另外，在公司实践中女性董事规模也在不断增加。例如，在美国财富 1000 强，女性董事由 1990 年的 5.6% 和 1999 年的 12.3%（Farrell and Hersch，2005），到 2014 年，这一比例已升至大约 16.9%（Catalyst，2014）。② 依据 2015 中国公司治理指数，中国上市公司中女性董事比例也有大幅度上升，其中 1720 家上市公司拥有女性董事，70.9% 的民营上市公司有女性董事新近加盟，这一现象显著提升了上市公司董事会运作效率。③

　　女性董事数量的不断增加也引起了学术界的广泛关注，然而，目前关于女性董事对公司绩效影响的研究还没有形成一致性的结论。卡特等（Carter et al.，2003）以《财富》1000 强的样本数据检查发现女性董事比例与公司价值具有正相关关系；埃哈特、韦贝尔和施拉德（Erhardt、Werbel and Shrader，2003）研究表明，女性

----

① 西班牙在 2007 年 3 月 22 日通过性别配额法，要求员工人数超过 250 人的上市公司在 2015 年 3 月 1 日之前女性董事比例应达到 40%；芬兰在 2005 年 4 月 15 日通过立法，同年 6 月国有企业女性董事比例达到 40%；加拿大在 2006 年 12 月 1 日通过立法，要求在 2011 年 12 月 14 日国有企业女性董事比例达到 50%；以色列分别在 1999 年 4 月 19 日、2007 年 3 月 11 日通过立法，要求国有企业在 2010 年女性董事比例达到 50%，上市公司至少有 1 名女性董事；冰岛在 2010 年 3 月 4 日通过立法，规定 2013 年 9 月 1 日之前员工人数超过 50 人的公司女性董事比例应达到 40%；法国于 2011 年 1 月 13 日通过立法，规定员工人员在 500 人以上或月收入在 50 欧元的国有企业在 2017 年 1 月 1 日之前女性董事比例达到 40%；肯尼亚、意大利和比利时均规定女性董事比例达到 33%。

② http：//www.catalyst.org/knowledge/womenboards.

③ http：//news.xinhuanet.com/local/2015 - 09/07/c_128202300.htm.

董事比例对公司绩效具有正向影响。坎贝尔和维拉（Campbell and Vera，2008）研究表明，在西班牙，女性董事比例和性别 Blau 指数对公司价值（托宾 Q）具有积极的影响；张娜（2013）以 2009 年沪深 A 股上市公司作为研究样本，研究发现：女性董事的参与对企业绩效具有显著的正向作用；哈夫斯和图尔古特（2013）运用 S&P500 公司研究发现，董事会性别异质性能提高公司社会责任绩效；辛格、文尼科姆和约翰逊（Singh，Vinnicombe and Johnson，2001）、坎贝尔和维拉（Campbell and Vera，2010）、马哈迪奥、索巴罗扬和哈努曼（2012）等得出同样的结论。然而，也有些学者研究发现女性董事比例与公司绩效存在负相关关系，例如，施拉德、布莱克本和艾尔斯（Shrader，Blackburn and Iles，1997）、亚当斯和费雷拉（Adams and Ferreira，2009）、贝伦和斯特朗（Bøhren and Strøm，2010）、维拉和马丁（Vera and Martin，2011）、何和黄（He and Huang，2011）、埃亨和迪特马尔（Ahern and Dittmar，2012）、况学文等（2012）、周泽将和修宗峰（2014）等。也有学者研究发现女性董事与公司绩效没有显著关系，例如，德怀尔、理查德和查德威克（Dwyer，Richard and Chadwick，2003）、法瑞尔和赫施（Farrell and Hersch，2005）、罗斯（Rose，2007）、海斯兰等（Haslam et al.，2010）。

3. 种族或民族多元化对企业成长的影响

目前的研究不太重视董事会人口学特征的种族或民族方面，这归因于董事会在该属性上的多元化程度比较低（Van Der Waltand Ingley，2003）。2003 年希格斯（Higgs）报告显示，605 名董事受访者中，97% 是白人，2% 拒绝回答种族问题，非执行董事中 97% 是白人，1% 是亚裔英国人，而 99% 的执行董事是白人。辛格（Singh，2007）对 2005 年富时 100 指数进行统计发现，只有 17 家公司董事会中存在少数种族，共 26 人，包括汇丰银行有 5 名少数种族董事，渣打银行有 4 名（分别占董事会比例为 29% 和 28%），26 名董事占富时 100 指数董事总数的 2.2%。

随着经济全球化和区域一体化的发展，人力资本跨国界流动成为一种常态，越来越多的公司董事会中出现了外籍人士。李国栋和周鹏（2013）认为世界顶级的跨国公司正在越来越多地聘用"外籍"董事，并且认为由多种国籍背景构成的董事会才是企业全球化的真正标志，或者至少在某种程度上体现了企业对于全球市场扩张的强烈意愿。吉利斯和迪金森（Gillies and Dickinson，1999）调查发现，世界最大的 80 家跨国公司外籍董事占董事会规模的 36.3%。斯特普尔斯（Staples，2007）跟踪调查了这 80 家跨国公司，发现该比例提高到 75%。马苏利斯、王和谢（Masulis，Wang and Xie，2012）统计 1998~2006 年标准普尔 1500 指数显示，拥有外籍独立董事的公司达到 13%。中国也不例外，据统计，拥有境外背景董事的上市公司比例呈现逐渐增长的趋势（高楠，2012）。

这一领域的研究普遍认为，和性别属性一样，种族或民族多元化会带来不同的认知观点和影响团队动力和决策的过程，进而影响公司产出。虽然认为种族和民族多元化影响董事会决策得到了一些支持，然而这些董事对公司绩效的影响是不确定的。例如，埃哈特、韦贝尔和施拉德（2003）应用美国公开样本数据，发现少数种族董事比例的提高有利于增加公司价值；米勒和特里亚纳（2009）基于信号理论和公司行为理论，以美国《财富》500 公司为样本，研究发现，董事会性别和种族异质性对公司创新具有正向影响，公司创新、声誉在董事会多元化与公司绩效之间分别起到部分中介的作用；奥克斯海姆和兰德（Oxelheim and Randøy，2003）随机选择了总部在挪威或瑞士的 253 家上市公司，研究发现拥有外籍董事与公司价值显著正相关。乌军洼、小野村和纳科比（Ujunwa，Okoyeuzu and Nwakoby，2012）以尼日利亚 1991~2008 年的 215 家上市公司面板数据为样本，尼日利亚由约 250 个种族组成并拥有 500 多种语言，研究女性董事比例、外籍董事比例、董事会种族（董事会成员若来自不同的种族取值为 1，否则为 0）与企业绩效（ROA）之间的关系，研究表明，外籍董事比例与企业绩效显著正相关，董事会种族与公司绩效呈正向关系但不显著。崔、苏尔和基（Choi, Sul and Kee，2012）利用韩国 KOSP1200 指数在 2004 ~ 2007 年的纵向数据，发现，外籍外部董事与公司价值显著正相关。周建、尹翠芳和陈素蓉（2013）利用 2006 ~ 2008 年中国沪深两市上市公司的数据，研究发现，董事会的国际化经验（外籍董事的比例和拥有海外履职经历或求学经历的董事会成员比例之和）与国际化程度显著正相关。谭雪和杜兴强（2015）以 2004 ~ 2012 年我国上市公司为样本，研究发现，国际化董事会（用董事会中是否有外籍董事来衡量）能显著减少企业的避税行为。

然而，皮尔德、艾森哈特和辛（Pelled, Eisenhardt and Xin，1999）研究发现，种族异质性董事会会导致情感冲突从而损害公司业绩。马苏利斯、王和谢（2012）以美国 1998 ~ 2006 年 S&P 1500 上市公司为样本，研究表明，外籍独立董事可以提高企业在其来源国的并购绩效，但是，外籍独立董事更有可能缺席董事会会议，更有可能参与严重的财务舞弊，并且拥有外籍独立董事的公司财务绩效显著降低，特别是当公司在独立董事来源国没有重大业务时。吕屹（2015）以 2008 ~ 2013 年中国银行业公司为样本，研究表明，拥有外籍董事对企业国际化产生显著的消极影响。

范德沃尔特和英格利（Van Der Walt and Ingley，2003）却发现董事的年龄、性别、种族和职业背景异质性虽然有利于提高公司的社会声誉，但与公司价值创造之间的关系并不显著。卡特等（Carter et al.，2010）发现美国大型公司董事会的种族多样化对公司财务绩效没有显著影响。哈夫斯和图尔古特（2013）研究发现，董事会种族异质性对公司社会责任绩效没有显著影响。

4. 教育背景多元化对企业成长的影响

与年龄和性别相比，关于董事会层面的教育背景对公司绩效影响的研究相对较少（Mahadeo, Soobaroyen and Hanuman，2012）。教育背景是不易观察的认知多元化的一种，代表了个人的知识和技能水平，被认为影响着董事的认知和决策（Johnson, Schnatterly and Hill，2013）。目前的研究主要从董事会学历背景和专业背景两个角度展开的。

较高的教育水平有助于开发个体用于学习和处理信息更有效的方法，而不是通过死记硬背或是生搬硬套（Hitt and Tyler，1991）。学习理论表明，受教育的个体通过类比可以将具体情况进行抽象处理，但是这种类比的能力并不是天生具备的而是通过学习锻炼出来的。受教育水平越高的个体越能从复杂事物中看到其本质，也能以更加系统的方式从定性的角度和运用结构化的知识来分析问题，从而能更加科学地进行战略决策，改善公司绩效。上述观点也得到了实证的验证，例如，郝云宏、甘甜和林仙云（2014）以深市中小板的 2009～2011 年的上市公司为样本，研究发现，独立董事的平均学历水平与企业短期绩效（资产收益率、净资产收益率）呈显著的正相关关系。杨皖苏和陶涌（2015）选取了 2011～2013 年间存在财务舞弊的 115 家上市公司和 115 家配对样本，[①] 运用 Logistic 回归，研究发现，董事会平均受教育程度与财务舞弊显著负相关，即高学历的董事由于其具有深厚的专业功底，更有利于落实监督职责，能有效地防止公司财务舞弊事件的发生。陈丽霖和秦博（2015）基于 2007～2013 年我国沪深两市战略性新兴产业的 1274 样本点，运用 GMM 模型，检验董事会治理与企业财务风险水平的关系，结果表明：董事会平均受教育程度与企业财务风险水平负相关。然而，也有学者持有相反的观点，例如，张慧和安同良（2006）以上海证券交易所 578 家上市公司为样本，研究表明，除金融行业以外，董事会成员的学历水平（学士学历以上董事所占比例）与公司绩效之间不存在显著的相关关系。

也有学者从多元化角度研究教育背景与公司绩效的关系，采用教育水平异质性指数来进行衡量，例如，肖挺、刘华和叶芃（2013）

---

① 违规类型为"虚构利润""虚假陈述""虚列资产""重大遗漏""虚假陈述"和"欺诈上市"被定义为财务舞弊。

研究发现，董事会教育异质性对公司绩效产生积极的促进作用。李小青和孙银风（2014）研究表明，商业银行董事会教育背景异质性和金融创新均呈正相关，对财务绩效具有显著的正向影响。金和拉希德（Kim and Rasheed，2014）将教育水平分为低于本科、低于硕士、低于博士、博士四类，研究发现教育水平异质性与公司绩效没有显著关系。

不同的专业背景可能会导致在知识结构和决策过程中的态度存在显著差异（Kim and Rasheed，2014）。默里（Murray，1989）揭示了接受过工程教育的董事在石油工业中的作用。他认为，石油行业是一个特殊的行业，由工程师主导的同质董事会公司业绩会更好。遵循市场创新策略的公司，CEO 大多拥有市场或工程教育背景，公司高水平的研发支出与首席执行官的技术专业背景相关，商业和法律专业的 CEO 通常不太倾向于通过研发支出追求创新战略，因此，拥有技术工程专业背景的管理者更有可能支持高水平的研发支出（Tyler and Steensma，1998）。然而，也有研究得出不一致的研究结论，马哈迪奥、索巴罗扬和哈努曼（2012）将董事会专业背景分为工程、会计与金融、商业与法律、其他，研究发现专业多元化与公司绩效负相关。金和拉希德（2014）从 2002 年财富 1000 强随机抽取 313 家公司，将董事专业背景分为，艺术、科学、工程、商业和经济学、法律五类，研究发现，专业背景异质性与公司绩效没有显著关系。

5. 职能背景多元化对企业成长的影响

管理者的职能背景在塑造个人的认知基础上起着重要的作用，从而影响其对环境和问题的分析，职能背景多元化可以提供更多解决问题的方法，减少决策失误的可能性，从而降低了风险（Anderson，Reeb and Upadyay，2011）。已有文献证实了上述观点。王凡俊和李国栋（2011）研究结果表明，董事会中拥有核心职能背景的成员比例与公司绩效显著正相关，而拥有财会职能背景、金融背景的成员比例与公司绩效显著负相关。李小青（2012）以 2006 ～

2010 年高科技上市公司为样本，研究董事会认知异质性对创新战略和企业价值的影响，运用 Blau 指数对董事会职能背景异质性进行测量，研究发现，创新战略在董事会职能背景异质性与企业价值之间起到部分中介的作用。

　　然而，也有学者持不同的观点。例如，古德斯坦、高塔姆和伯克尔（Goodstein，Gautam and Boeker，1994）使用加利福尼亚州 1980～1985 年 334 家医院的面板数据，检验了医院董事会规模、职能背景多元化和战略变化之间的关系。研究发现，董事会职能背景多元化与战略变化显著负相关，庞大而多样化的董事会结构可能会阻碍董事会战略改变的能力，特别是在环境动荡时期的。唐清泉、罗党论和张学勤（2005）将独立董事分成两大类：一类是从事研究和政府任职的非企业界的独立董事；另一类是具有实际企业管理背景的企业界的独立董事。通过方差分析，两类独立董事对公司业绩没有显著性差异。塔格尔、斯奈特林和约翰逊（Tuggle，Schnatterly and Johnson，2010）以 1994～2000 年美国 184 家上市公司为样本，研究发现，董事会职能背景异质性对公司创业事项的讨论没有显著的影响。

6. 任期多元化对企业成长的影响

　　董事会的共享任期越长通常导致更大的社会化，因此更有可能形成相似的经验和观点（Wiersema and Bantel，1992）。因为，行业有自己的例程和特点，长期任期于该行业的高管往往深植于他们之前特定的行业知识结构之中，而来自行业外的董事会成员通常不会嵌入在这些行业的例程中并不容易满足于现状，他们可能会从不同的认知角度管理公司并且容易识别不同市场的创业机会（Geletkanyczand Hambrick，1997）。安科纳和考德威尔（Ancona and Caldwell，1992）认为，任期越长越容易因循守旧，任期越短越不会受固有规制的约束，董事任期离散程度越大越能促进观点和信息的多元化，减少群体思考，提高解决问题的创造力。董事会成员任期多元化能扩大获取外部信息的范围和建立来自不同行业的网络渠道，因为每个董事曾任职于不同行业的不同组织。董事会成员的各种外部联系是分析外部环境和评估各种战略选择的有价值的信息来源。一些研究表明董事会任期离散程度能促进董事会创业事项的讨论（Tuggle，Schnatterly and Johnson，2010）、提高创新绩效（肖挺、刘华和叶芃，2013）。

然而，也有学者持相反的观点。李小青（2012）以 2006～2010 年高科技上市公司为样本，用董事会成员任期标准差来衡量任期异质性，研究表明，董事会任期异质性与公司创新战略没有显著关系。哈夫斯和图尔古特（2013）研究发现，董事会行业背景异质性、职能背景异质性和任期异质性对公司社会责任绩效没有显著影响。

7. 多元理论视角的相关研究

以上文献大多基于单一理论建立董事会多元化与公司绩效的直接联系，并且目前都没有取得一致性的结论。基于单一理论视角不可能对董事会多方面、复杂的职能或任务提供公正的判断，为了避免单一理论的局限性，学者们开始尝试将多种理论结合，来诠释董事会特征的治理效应。希尔曼和达尔齐尔（Hillman and Dalziel，2003）、麦喀什（Macus，2008）等认为采用多元理论来解释董事会的作用有助于理解董事资本、监督以及资源提供等与公司绩效之间的联系。

安德森和里布（Anderson and Reeb，2004）运用代理理论和管家理论，验证了标准普尔 500 指数中的家族企业董事会构成与公司价值之间的关系。卡特等（2010）等依据资源依赖理论、人力资本理论、代理理论和社会心理学理论的研究发现，美国多数公司董事会成员性别和董事会中少数种族董事的数量与公司财务绩效之间具有内生性并且不存在显著关系。原因可能是在不同时期、不同环境和不同公司中，董事会成员性别和少数种族董事数量对公司财务绩效的影响是不同的，且这种不同的影响或许会相互抵消掉，从而得出两者间无相关性的结论。周建等（2011）基于代理理论、资源依赖理论和管家理论，构建了基于多理论视角的董事会—CEO 关系与公司绩效研究的理论模型。巴特和巴塔查里亚（Bhatt and Bhatta-charya，2015）基于代理理论和资源依赖理论，验证了董事会特征（董事会规模、领导权结构、董事会结构、董事会活动）与印第安 IT 上市公司会计绩效的关系。

虽然新兴的多理论研究方法能更准确地捕捉董事会对企业绩效的影响，但是它忽视了董事会在监控管理层、确定公司的战略、获取重要的有形或无形的外部资源过程中的行为。另外，现有文献中董事会构成或特征变量更多集中于董事会规模、领导权结构、董事会次级委员会设置、独立董事比例、董事激励、董事会召开会议次数等变量。近年越来越多的文献开始研究董事会人口学特征（如教育背景、经验、年龄、性别）、董事会社会资本等对公司绩效的影响。约翰逊、斯奈特林和希尔（Johnson，Schnatterly and Hill，2013）回顾了 1990～2011 年在顶级管理期刊上关于董事人口学特征、人力资本和社会资本的文献。他们指出董事会结构已由易测量的变量，例如独立董事比例、董事会规模，转向董事会成员的经验、技能或其他特征。

2.3.2 董事会治理的行为研究

根据休斯等（2011）的文献回顾，在董事会治理的主流研究中，大部分文献验证的是董事会特征与公司绩效（"投入—产出"型研究）的关系，然而，佩蒂格鲁（Pettigrew，1992）指出建立二者之间的直接关系逻辑跨越太大。在董事会复杂的团体动态决策过程中，使用人口学统计变量不能预测董事会或公司业绩（Forbes and Milliken，1999；Daily，Dalton and Cannella，2003）。越来越多的学者对董事会"投入—产出"型的传统研究指出质疑，指出未来研究应关注合适的中介干预变量，具体原因如下。

第一，目前关于董事会特征与公司绩效研究未能得出一致的研究结论（Huse et al.，2011；Johnson，Schnatterly and Hill，2013），这表明董事会特征对公司绩效的影响可能不是简单而直接的关系，而是复杂的或间接的。考虑到这种可能性，学者们必须开始探索更精确的方法研究董事会特征与公司绩效之间的中介干预过程的作用。

第二，董事会特征对公司绩效产生直接影响的背后假设是不可靠的。"投入—产出"模型是基于董事会行为可以从团队的构成和人口学特征上推断出来的假设，然而，很少学者去验证上述假设。劳伦斯（Lawrence，1997）对大量的人口学特征的文献进行综述后发现，董事会特征—绩效的研究结果不能被考虑中介过程的研究所支持，与检验董事会特征与公司绩效的直接关系相比，在董事会研究中考虑行为会产生更多不同的结论。

第三，考虑董事会行为的研究能拓展和改进对团体动力学的理解。汉布里克和梅森（1984）指出，高管团队人口学特征对公司绩效的影响包括，人口学特征对公司绩效的直接影响、人口学特征通过过程变量对公司绩效的间接影响、过程变量对公司绩效的直接的和独立的影响。扎拉和皮尔斯（1989）认为，董事会构成和董事会任务绩效、最终的公司绩效之间存在中介过程和结构，但极少有文献系统的探讨董事会属性对绩效的传导机制。

基于以上原因，近年来从行为的角度来研究董事会的有效性逐渐成为董事会治理研究的新方向（Miller and Triana，2009；Ararat，Aksu and Cetin，2010；李小青，2012；邵毅平和王引晟，2015；谢永珍，2016）。围绕本书的研究问题，文章主要围绕董事会战略行为（尤其是创新战略）进行文献梳理，具体包括董事会战略行为的测量、董事会多元化对创新战略的影响、创新战略对公司成长的影响和董事会多元化通过创新战略对公司成长的影响。

1. 董事会战略行为的测量

董事会行为是指董事会在其权力范围内行使职责的过程与方式，取决于董事会治理的职能。战略行为是指董事会履行战略职能的过程，现有研究主要有三种方法来进行测度。

一是采用二手数据作为董事会战略行为的代理变量，使用频率最高的替代指标是董事会会议次数（Brick and Chidambaran，2010；李国栋和薛有志，2011；赵琳和谢永珍，2013；谢永珍，2016）。董事会会议次数获得比较容易，并且是董事会行使法定监督和战略职能的重要途径，因此，可以反映董事会履行战略职能的强度，但不能详细地反映战略职能的履行过程和结果。

二是采用单一战略。普格里斯等（2009）进行文献梳理时，发现52%的相关文献采用这一方法，主要集中于公司创新战略（Miller and Triana，2009；Wincent，Anokhin and Örtqvist，2010；Dalziel，Gentry and Bowerman，2011；周建和李小青，2012；何强和陈松，2012；严子淳和薛有志，2015；曾江红和肖涛，2015；Héroux and Fortin，2016）、国际化战略（Sherman，Kashlak and Joshi，1998；Barroso，Villegas and Pérez-Calero，2011；周建、尹翠芳和陈素蓉，2013；吕屹，2015）、多元化战略（Singh，Mathur and Gleason，2004）和并购战略（李维安、刘振杰和顾亮，2014）。

三是采用问卷调查的方式来测量董事会战略行为。贾奇和泽塔姆（1992）、鲁格洛克、佩克和凯勒（2006）、张（Zhang，2010）、尼尔森和休斯（Nielsen and Huse，2010）、托尔基亚等（Torchia et al.，2011）等通过向公司CEO或董事进行问卷调查，使用题项的平均得分来评价董事会战略参与的程度。也有学者通过问卷调查获得基础数据，在此基础上通过构建指数合成新的指标来量化董事会战略参与。例如，龚红（2004）将董事会战略决策参与过程细化为14个评价指标，要求被调查者对公司董事会的战略决策参与情况进行打分，然后再进行主成分分析。麦克霍尔德等（2011）通过积极提出战略方案、制定长期战略和主要目标、执行战略决策、控制和评估战略决策来反映董事会战略参与，运用这些题项的平均得分构建指数来测量战略参与的程度。这种测量方法固然可以详细地描述董事会战略参与的每一个阶段，但是调查问卷的回收率普遍较低，通常低于10%，容易导致估计存在偏差。休斯等（2011）认为，在董事会治理研究中，回收率低于10%更容易导致反应偏差。

基于采用董事会会议次数和使用一手数据测量存在的局限性，本书选择使用通过二手数据获得的单一战略——创新战略来反映董事会战略参与。实施创新战略是中国经济形势的迫切需要，在全球竞争加剧和技术瞬息万变的环境下，创新被认为是竞争优势和经济增长的基础。目前，中国经济呈现下行趋势，已进入"新常态"，这时民营企业必须转变经济增长方式，通过创新克服资源约束实现可持续发展。党的十八大明确提出："科技创新是提高社会生产力和综合国力的战略支撑，必须摆在国家发展全局的核心位置"。2015年3月13日国务院出台了《关于深化体制机制改革加快实施创新驱动发展战略的若干意见》，强调要坚持走中国特色自主创新道路、实施创新发展战略。实施创新驱动发展战略，将科技创新摆在国家发展全局的核心位置，才能实现到2020年进入创新型国家行列的目标；实施创新发展战略，对我国提升国际竞争力、增强长期发展的动力具有重要意义。作为我国国民经济中最为活跃的经济增长点和"新常态"的主力军，民营企业提高创新战略的能力更加义不容辞。沿着熊彼特的"创新理论"创新分为以技术变革和技术推广为对象的技术创新和以制度变革和制度形成为对象的制度创新（包括管理创新），技术创新为制度创新营造外部环境和提供内在动力，制度创新可以优化技术创新的开发流程，为技术创新的开展提供保障（苏中锋和孙燕，2014），技术创新是生产力，管理创新是生产关系，从而决定了技术创新是决定民营企业成长的内在动力。因此，在组织创新的多种形式中，技术创新是企业成长的内在动力，对企业绩效的影响会更大一些（于俊秋，2002）。

2. 董事会多元化对创新战略的研究

目前该部分研究大多是选择董事会性别和教育背景等人口学特征、行业背景等人力资本、职能背景和关系网络等社会资本对创新战略影响（见表2－3）。

表 2-3　董事会多元化对创新战略影响的实证研究

作　者	研究样本	解释变量	研究结论
米勒和特里亚纳（2009）	财富 500 强	董事会性别多元化	董事会性别多元化能促进公司创新
温森特、阿诺金和厄奎斯维特（Wincent, Anokhin and Örtqvist, 2010）	53 个战略网络的 5 年纵向数据	董事会人力资本、关系资本	董事会网络多样性、教育水平、连锁董事网络等影响网络创新绩效
达尔齐尔、金特里和鲍尔曼（Dalziel, Gentry and Bowerman, 2011）	2001～2003 持续经营的美国生物医药行业 225 家上市公司	董事会人力资本、关系资本	董事会人力资本和关系资本显著影响 R&D 支出
周建和李小青（2012）	中国沪深两市 2007～2009 年 261 家高科技行业上市公司	董事会职能背景异质性、行业异质性、教育程度、群体断裂带	董事会成员职能背景异质性教育程度和董事会群体断裂带强度对企业创新战略具有积极的影响，董事会成员行业背景异质性对创新战略没有显著影响
李小青和周建（2012）	沪深两市 2007～2009 年披露 R&D 支出的 261 家高科技行业上市公司	董事会职能背景异质性、教育程度异质性、行业背景异质性	董事会职能背景异质性与 R&D 支出正相关，董事会教育程度异质性与 R&D 支出负相关，董事会行业背景异质性对 R&D 支出没有显著影响

续表

作　者	研究样本	解释变量	研究结论
何强和陈松（2012）	2004～2007年的623个制造业上市公司	董事会学历	制造业研发投入与董事会学历正相关；资本与知识密集型行业或东部地区的制造业公司董事会学历及其分布对R&D投入的影响程度强于劳动密集型行业或其他地区的公司
严子淳和薛有志（2015）	2010～2012年制造业主板上市公司	董事会社会资本	董事会社会资本对企业研发投入有积极的促进作用，并且董事会领导权两职合一时这种促进作用更显著
李小青和胡朝霞（2016）	2010～2013年153家创业板上市公司	董事会成员职能背景、行业背景、教育水平	董事会成员职能背景、教育水平能提高公司技术创新动态能力，而行业背景会削弱公司技术创新能力
海洛克斯和福廷（Héroux and Fortin, 2016）	2012年2月26日的S&P/TSX综合指数	董事会和高管团队的多元化、IT能力	董事任期多元化影响创新类型

3. 创新战略对企业成长的研究

创新战略与企业成长之间的关系一直备受关注，尽管国内外学者对此做了大量研究，但是目前研究结论并不一致。众多的经验研究发现创新战略与企业成长之间呈显著的正相关关系（张维迎等，2005；Coad and Rao，2008；张信东和薛艳梅，2010；Bogliacino and Pianta，2012；李洪亚，2014；张会荣和张玉明，2014 等），也有些研究结果表明企业创新战略行为与企业成长之间没有显著关系或是负相关关系（Bottazzi et al.，2001；Nunes，Serrasqueiro and Leitão，2012 等）。还有学者研究表明，创新战略与公司成长之间呈现非线性的关系，例如，陈晓红、李喜华和曹裕（2009）以我国中小板上市公司为样本，研究发现技术创新与中小企业成长呈倒 U 型的关系；努涅斯、塞拉斯凯罗和莱唐（Nunes，Serrasqueiro and Leitão，2012）运用两阶段估计方法，得出结论：科技型中小企业和非科技型中小企业的技术创新与企业成长之间关系强度是不同的，科技型中小企业技术创新与成长性成 U 型关系，在非科技型中小企业二者存在负向相关关系。

之所以会出现不一致的研究结论，除了样本选择不一致外，一个重要的原因是选取指标存在很大差异。现有研究主要从投入和产出两个角度进行衡量创新战略，创新投入主要体现为技术人员投入或 R&D 资金投入，一方面用绝对数进行衡量（张维迎等，2005；Bogliacino and Pianta，2012；李洪亚，2014；张会荣和张玉明，2014 等）；另一方面用相对数进行衡量，例如，R&D 与销售收入之比或 R&D 与资产总额之比（Coad and Rao，2008；张信东和薛艳梅，2010；李洪亚；2014）、人均研发支出（张信东和薛艳梅，2010）等。从产出视角进行衡量主要是采用专利的绝对数量或相对数量（周煊、程立茹和王皓，2012；杨蕙馨和王嵩，2013）。

衡量公司成长的指标通常采用资产增长率（徐向艺和尹映集，2014）、就业人数增长率（李洪亚，2014）、销售收入率（杜晓光，2013；张会荣和张玉明，2014）、净利润增长率（岑成德，2002）

或上述指标的合成（陈晓红、李喜华和曹裕，2009；张信东和薛艳梅，2010；杨蕙馨和王嵩，2013 等）。上述衡量公司成长的指标具有一个明显的缺陷就是具有短期性，容易导致管理层的短期行为，也无法反映创新战略给企业成长所带来的长远影响。因此，企业的成长不仅考虑当前的经营状况，而且要考虑未来的增长潜力（高鹤，2006）。黄贵海和宋敏（2004）建议同时采用长期指标（托宾Q）和短期指标（销售增长率）来衡量企业成长，能够更好地反映企业整体成长，同时体现企业成长是量的成长和质的成长相结合的本质。郝云宏、甘甜和林仙云（2014）分别采用企业的资产收益率和净资产收益率来衡量企业的短期绩效水平，而选择托宾 Q 值来判断企业的长期绩效水平。

4. 董事会多元化通过创新战略对企业成长的影响研究

董事会特征对绩效的影响并非直接而简单，而可能呈现间接而复杂的关系。在董事会复杂的团体动态决策过程中，结构变量不能准确预测公司业绩（Johnson，Daily and Ellstrand，1996；Forbes and Milliken，1999；Daily，Dalton and Cannella，2003）。劳伦斯（1997）在进行了大量的人口学特征综述后发现，与直接检验董事会特征对公司绩效的关系相比，考虑行为对公司绩效的影响将产生更多有价值的结论。因此，董事会行为在董事会多元化结构对公司绩效影响的中介作用受到越来越多的关注，"结构—行为—绩效"的研究范式得到董事会研究领域学者们的普遍认可。

福布斯和米利肯（1999）构建了一个董事会过程和团队动力的框架，用来解释董事会工作相关多元化特征和企业业绩之间的联系。他们认为，董事会工作相关多元化特征通过工作规范和努力、信息交换和批判性讨论（即认知冲突）、知识和技能的存在和使用来影响公司绩效。尼尔森等（Nielsen et al.，2008）检验了董事会行为（辩论、冲突）和任务绩效对董事会多元化和公司绩效的中介作用，研究发现，董事会多元化是提高董事会任务绩效的宝贵资源，董事会行为在董事会多元化和任务绩效之间起着中介作用，董事会任务绩效对公司绩效有积极的促进作用。有学者验证了监督职能在董事会多元化和公司绩效之间的中介作用，例如，阿拉拉特、阿克苏和塞特（Ararat, Aksu and Cetin, 2010）以董事会监督强度作为中介变量，研究发现，董事会监督强度在董事会多元化和公司绩效之间起着中介作用。随着董事会战略参与的深度和广度的提高，关于验证战略参与在董事会多元化和公司绩效之间的中介作用也引起了大家的广泛关注，例如，米勒和特里亚纳（2009）、李小青（2012）、李小青和孙银风（2014）、邵毅平和王引晟（2015）等实证结果表明，公司创新战略中介了董事会多元化、人力资本、社会资本与公司绩效之间的关系。

已有国内外关于董事会行为或战略参与中介效应的检验多采用线性方式，而实际上，董事会治理行为尤其是董事会会议次数对治理绩效的影响并非简单的线性关系，而是呈现某种非线性趋势，即董事会会议次数并非越多或者越少为好。赵琳和谢永珍（2013）采用海斯和普瑞奇（2010）提出的非线性中介效应的检验方法，验证了对创业企业异质外部董事通过董事会行为对公司价值的影响，研究表明，董事会行为在独立董事比例、风险投资董事比例与公司价值之间起到非线性中介的作用。谢永珍（2016）也证实，女性董事比例和女性董事平均年龄对公司绩效的影响依赖于董事会行为这一中介变量，并且董事会行为起到非线性的中介作用。李长娥和谢永珍（2017）基于组织层级理论和高层梯队理论，采用非线性中介检验方法，以2011～2015年我国民营上市公司的数据为样本，探索董事会权力层级通过创新战略对民营企业成长的影响。结果发现，董事会正式权力层级会促进民营企业创新战略，而非正式权力层级会阻碍创新战略，正式权力层级与非正式权力层级之间存在替代作用；创新战略对民营企业成长产生先抑制后促进的影响；创新战略在董事会权力层级与企业成长之间存在非线性中介作用。

非线性中介效应的检验方式更加符合董事会行为对绩效影响的逻辑，但在国内研究尚属少见。尽管已有部分文献问世，但目前系统探讨董事会多元化结构通过董事会行为或战略参与对绩效的传导路径仍未成为主流的研究范式，董事会治理行为非线性中介效应的检验方法急需完善。

2.3.3 董事会治理的情境研究

情境研究强调投入—产出的关系依赖于情境因素，强调组织是一个开放的系统，强调组织与环境的交互。情境研究可以说明在一个特定的公司、行业、或国家什么是有效的，实际上是把公司治理结构设计和概念嵌入在一个更广泛的制度和环境中（Gabrielsson and Huse，2004）。加布里埃尔松和休斯（2004）通过对1990～2002年发表在管理领域的六大权威期刊（AMJ、ASQ、JoM、SMJ、JMG、JMS）上关于情境研究的文章进行综述后得出，董事会职能的履行取决于企业的内部和外部环境，公司的内外部环境在公司治理决策中起着关键性作用。然而，该类别的研究数量非常少，仅占5%。因此，在董事会和公司治理研究领域应开展情境视角的研究。派伊（Pye，2004）也指出，目前董事会治理文献中存在的一个关键问题就是未能区分组织情境因素。例如，民营、新成立公司董事会的任务和行为不同于大型的、处于成熟期的公司，拥有风险资本的公司董事会职责的履行也不同于其他公司。派伊和佩蒂格鲁（Pye and Pettigrew，2005）提出，应关注公司规模的大小、不同生命周期阶段、监管环境等权变（情境）因素对董事会行为的影响，这将有助于我们更好地理解董事会行为和绩效。班伯格（Bamberger，2008）也呼吁在管理理论应更多地考虑情境因素。

目前在内部情境对董事会多元化与行为或公司绩效的研究中，较多的文献关注管理层权力，例如，周建、金媛媛和袁德利（2013）以2007～2009年沪深两市高科技上市公司为样本，研究CEO权力、董事会人力资本深度和广度对研发投入的影响，研究表明，董事会人力资本深度和CEO权力的交互影响是导致企业间研发投入差异的一个重要原因。陈（Chen，2014）以台湾电子企业为研究对象，研究发现，董事的教育水平、行业特有知识和连锁关系与 R&D 投资正相关，CEO 权力正向调节着上述关系。范建红和陈怀超（2015）以 166 家上市公司的二手数据为样本，研究董事会社会资本（网络嵌入、政治关联）和董事会权力对公司研发投入的影响，研究表明，董事会权力对董事会社会资本与公司研发投入之间的关系具有显著的调节作用。另外，公司的特征如企业生命周期、董事会规模等也是重要的内部情境因素，休斯和扎托尼（Huse and Zattoni，2008）选择处于初创、成长和危机三个不同的生命周期阶段的公司，研究生命周期对董事会行为的影响。研究表明，董事会行为会随着生命周期阶段而变化，在初创阶段，董事会主要履行合规性的职责；在成长阶段，董事会主要履行咨询任务；在公司危机阶段，董事会主要履行控制任务。塔格尔、斯奈特林和约翰逊（2010）研究发现，董事会会议的非正式性对功能背景异质性、拥有外部导向背景的董事比例、强断裂带与商议创业事项之间关系具有显著调节作用。古尔、斯里尼迪和安吉（Gul, Srinidhi and Ng，2011）研究表明，在控制了公司治理、收益质量、机构投资者所有权结构和兼并活动后，董事会性别多元化的公司股票价格能体现更多的信息。进一步发现，在公司治理质量弱的公司二者的关系更强，即董事会性别多元化可以作为公司治理机制的替代品。曾江红和肖涛（2015）以 2011～2013 年 153 家创业板上市公司为样本，研究发现，董事会非正式层级清晰度能促进企业技术创新绩效，技术董事和董事会规模对二者关系的调节效应显著。黄文锋和张建琦（2016）实证研究发现，企业规模对董事会权力等级集中度与公司战略性资源配置变动之间的关系具有负向的调节关系。

　　涉及外部情境因素的主要有行业环境、法律环境。产品市场竞争作为重要的外部环境，主要通过产品市场竞争的压力所产生的破产威胁对公司管理者（包括董事会和经理层）进行有效的激励和监督。宋增基等（2009）运用中国国有上市公司 1999～2004 年度数据，通过引入董事会治理与产品市场竞争的交互项，研究表明董事

会治理与产品市场竞争具有显著的替代性。陈、梁和埃文斯（Chen,
Leung and Evans, 2015）研究发现，董事会性别多元化的公司能提
高公司创新成功的概率，并且当公司所处的产品市场竞争程度越低
时，性别多元化对创新的促进作用越强。张琨和杨丹（2014）以
2004～2010年476家沪深上市公司为样本，分析市场环境、董事会
性别结构与企业绩效的关系。研究发现，女性董事对企业绩效
（ROA）具有积极的促进作用，同时企业所处市场竞争程度的加剧
会增强这种积极作用。卡明、梁和芮（Cumming, Leung and Rui,
2012）对董事会性别多元化与公司证券欺诈的关系进行实证研究，
研究发现，女性董事能降低公司证券欺诈行为，在男性主导的行业
女性董事防止公司证券欺诈的作用更加有效。杜颖洁和杜兴强
（2014）分析并检验了董事会的女性董事比例及董事性别均衡（性
别 Blau 指数）对企业社会责任的影响。研究结果表明，女性董事
比例及性别均衡与企业社会责任指数显著正相关，法律环境强化了
二者之间的关系，即处于法律环境较完善地区的上市公司，女性董
事对企业社会责任的正面影响更大。

　　也有学者将内部和外部情境因素同时纳入研究框架。例如，何
和黄（2011）以美国530家制造业公司为样本，研究发现，董事会
非正式层级清晰度能促进董事会之间的交互进而提升公司财务绩
效，并进一步验证了董事会规模、公司过去业绩、行业环境动态、
董事会等级组成等内部和外部情境因素对董事会非正式层级清晰度
与公司财务绩效之间关系的影响。

　　目前大部分文献关于内部和外部情境对董事会多元化与董事会
行为或公司绩效之间关系影响的验证采用简单的 OLS 方法，将所有
的企业放在同一层次进行分析，假定所有的样本是完全独立的，忽
视了数据的嵌套关系，尤其是在外部情境的研究中，比如，企业是
嵌套于不同竞争程度的行业之中的，企业属于不同的地区或国家。
目前，李长娥和谢永珍（2016）采用跨层次分析方法，以民营上市
公司 2011～2013 年的数据为样本，对产品市场竞争、董事会异质

性与企业技术创新的关系进行了实证研究。研究发现，产品市场竞争对民营企业技术创新是一个非常重要且不容忽视的影响因素，董事会的平均受教育水平对民营企业 R&D 产生明显的促进作用，董事会教育水平异质性和专业异质性与民营企业 R&D 支出没有显著性影响，职能异质性对民营企业 R&D 影响随着行业竞争程度而变化。李长娥和谢永珍（2016）采用同样的方法，验证了区域经济发展水平对女性董事与公司技术创新关系的影响。研究结果表明，无论是女性董事比例还是女性董事数量对公司技术创新没有显著性影响，而区域经济发展水平正向调节女性董事与公司创新投入的关系，而且至少 3 名女性董事才能对公司创新战略发挥实质性的促进作用。

2.3.4　董事会治理的演化研究

汉布里克和梅森（1984）在构建高层梯队理论时，提出，高层管理团队的认知能力、感知能力和价值观等心理结构决定了战略决策过程，战略决策的制定和执行进而影响着公司绩效，同时，公司的内部和外部情境因素影响着高管团队的特征和战略决策的制定。福布斯和米利肯（1999）建立了董事会工作相关多元化结构通过行为影响董事会任务绩效的理论框架，强调董事会多元化通过战略决策而影响公司绩效，并认为董事会通过履行控制和服务职能而对公司绩效产生重大影响，但是这种影响会受到公司规模、行业等因素的影响。因此，他们将情境因素和董事会行为同时纳入了理论框架中。

波斯特和拜伦（Post and Byron，2015）对 2014 年之前完成的关于女性董事与公司财务绩效的 140 篇论文进行元分析，旨在研究女性董事是否影响公司财务绩效，在什么情境下二者的关系会发生改变，以及女性董事如何影响公司财务绩效。文章提出并验证了女性董事代表与公司财务绩效的权变模型，考虑了股东保护强度和性别平等程度两个国家层面的因素可能会促进或降低女性董事对公司财务绩效的影响，并认为董事会女性代表通过监控和战略参与两种职责影响公司绩效。通过元分析研究发现：女性董事与公司会计收益正相关，这种关系在较强股东保护的国家更强，可能由于股东保护会激励董事会使用每个董事成员所带来的不同的知识、经验、价值；尽管女性董事和公司的市场绩效之间的关系是接近于零，但是在性别更平等的国家二者的关系是正向的，而在性别不平等的国家二者是负向的，可能的原因是社会性别在人力资本上的差异可能会影响投资者对拥有更多女性董事的公司未来盈利潜力的评价。该论文既考虑了董事会的行为（监控和战略参与），又纳入了情境因素（股东保护强度和性别平等程度），属于演化研究，但是该研究虽然提出女性董事通过监督和战略参与两种职能影响公司绩效，但是未能验证监控和战略参与两种职能在女性董事与公司财务绩效的中介作用。

目前，已有学者意识到传统的"结构—绩效"的研究范式无法打开董事会的黑箱，开始关注董事会行为的中介作用；也有学者通过关注情境因素，旨在揭示传统的"结构—绩效"产生矛盾结论的原因，然而两种做法依然完全独立，虽然已有文献在理论上提出应将董事会行为研究和情境研究纳入一个理论框架体系中，然而相关的实证文献还比较少，未来应丰富该方面的研究。

2.4　研究述评

目前学术界对董事会多元化、创新战略与公司成长的研究取得了丰硕的成果，为后来者进行相关研究提供了巨人的肩膀，但研究结论仁者见仁，智者见智。系统分析已有文献，有以下几点发现。

（1）目前董事会多元化结构对公司成长影响的研究中，更多的是集中于从人口学特征角度进行研究，忽视了认知相关特征和纵向属性构成的多元化结构。仅关注于静态的人口统计学特征对开展董事会多元化研究显然是不够的，与性别、年龄和种族等低工作相关度的特征相比，认知相关特征（如职能背景、教育背景）更有助于激发建设性辩论和多种观点的互动，以及对团队运作和绩效具有更强的作用力（Forbes and Milliken，1999；周建和李小青2012）。另外，无论是人口学特征还是认知特征都是反映董事会成员横向的差异，而权力层级和地位层级所形成的纵向差异却很少被关注，在我国"关系本位"与"权威服从"的社会文化背景以及市场化程度不高的治理情境下，权力和地位层级结构更有助于冲突的解决与效率的提升，对团队的影响更为突出。因此，在中国情境下研究董事会多元化时考虑纵向差异将有助于提高对董事会战略行为和公司成长的解释力。

（2）部分文献打破了传统"结构—绩效"的研究范式，关注了董事会治理行为的中介作用，并且大多基于线性视角研究董事会多元化、创新战略对公司成长的影响。扎拉和皮尔斯（1989）指出，考察董事会结构对绩效的影响时应关注治理行为的中介过程。福布斯和米利肯（1999）构建了董事会多元化通过董事会行为（努力规范、认知冲突和知识、技能的运用）影响董事会任务绩效的理论框架。受研究方法的制约，目前董事会多元化、行为对公司成长的影响大多都是基于正相关或负相关的线性假设，而公司成长有短期绩效和长期绩效之分，董事会多元化通过战略行为对短期成长和长期成长的影响必然不同。因此，需要进一步扩展董事会治理的研究方法，探索董事会多元化如何通过创新战略影响公司的短期成长和长期成长，从而为保证公司可持续发展提供更加科学的建议。

（3）董事会治理中情境因素的研究还比较匮乏，并且情境因素调节效应的验证大多文献采用简单的OLS法，忽视了数据的嵌套关系。董事会的创新战略不仅受董事会多元化结构的影响，而且还受企业特征和外部环境等多个层面因素的影响。然而，目前已有的研究更多的是关注单一层面的影响因素，忽视了团队和外部环境的相互作用和相互影响。另外，大多数情境因素的数据特征与公司数据存在嵌套关系，比如，公司嵌套于不同行业之中，每个行业内部的企业之间存在较强的同质性，而每个行业之间存在明显差异，若采用 OLS 进行调节效应的检验，就会平均化公司之间的异质性，既增大了参数估计误差，又无法准确描述外部环境对董事会战略决策选择的影响。因此，研究方法上需要突破。

（4）现有文献未能将董事会行为研究和情境研究纳入一个理论框架体系中。目前，部分学者已经意识到传统的"结构—绩效"的研究范式逻辑跳跃太大，无法打开董事会的黑箱，开始关注董事会治理行为的中介作用；也有学者通过关注情境因素，旨在揭示传统的"结构—绩效"产生矛盾结论的原因，然而两种做法依然完全独立，董事会结构、治理行为以及公司绩效关系的完整理论体系尚未建立，使得与董事会对绩效影响的逻辑实践不符。缺少情境因素会使得董事会在制定公司发展战略时不能就战略决策涉及的关键因素如宏观层面的政治、经济、技术与社会环境，中观层面的区域经济科技发展水平、行业竞争程度以及微观企业层面的资源与能力等进行开诚布公的讨论，从而对创新战略做出合理的选择。因此，有必要将董事会战略行为和情境因素纳入同一个理论体系。

第3章 董事会多元化、创新战略影响民营企业成长的机理分析

3.1 董事会团队与多元化的界定

3.1.1 董事会团队的特点

董事会作为连接公司股东和经理层的正式机制,处于公司决策控制系统的顶端,与另一个精英工作团队——高层管理团队(简称TMT)一样,在公司决策控制系统起着重要的作用。然而,董事会和TMT之间一个重要区别在于董事会负责制定和监督战略而不是实施战略决策或日常管理(Fama and Jensen, 1983)。虽然在研究范式上,高管团队的研究和工作团队有效性的研究为探索董事会的过程变量提供了一个可借鉴的起点,然而,作为站在组织决策系统顶端的团队,董事会具有一些区别于其他团队的特性。

第一,部分归属。董事会通常包括外部董事,这些董事不是公司的员工,不承担管理任务。在大多数情况下,外部董事兼任多个董事会,因此,外部董事只是部分隶属于他们所服务的公司董事会(Forbes and Milliken, 1999)。

第二,团队交互具有偶发性。大多数董事会一年仅召开几次董事会会议,尽管有些公司董事会委员会会议召开得频繁一些,但只涉及一小部分董事而不是整个董事会。董事会成员仅花费非常有限

的时间在董事会会议上，从而导致较少的团队交互。此外，若在正式的董事会会议上董事之间很少或没有接触，那就几乎没有机会建立强大的工作关系（Forbes and Milliken, 1999; Nadler et al., 2011）。

第三，有限的时间和信息。外部董事会成员将有限的时间用于公司董事会相关工作，并且他们严重依赖于管理者的意愿来获取决策相关的、及时的信息。从这一方面来看，与执行董事相比，外部董事在了解公司相关业务上明显地受到很大的限制（Nadler et al., 2011）。

第四，董事会通常由优越的领导者组成。浏览外部董事的背景资料可以发现，其中大部分外部董事现在或以前担任 CEO，正是因为其杰出的专业成就，他们常常被任命为董事。同时，这些人已经习惯于处于公司权力的顶端，并且对权力、声望、影响力存在心理需求。

第五，董事之间存在复杂的权力关系。与高层管理团队相比，外部董事的角色并不能反映他们在公司层级结构中的地位（Nadler et al., 2011），由于他们在企业界或社会团体的声望，一些外部董事可能拥有比其他董事更大的权力。此外，若董事长和 CEO 两职合一，又会产生更加复杂的权力关系。

第六，无法预期的工作。与其他团队相比，董事会职责往往不能完全明确，并且企业之间也有很大的差异。此外，董事会还面临着前所未有的审查和来自公众的压力（Van den Berghe and Levrau, 2004）。因此，许多董事会都致力于他们的任务是什么而达成协议。

第七，董事会的正式性。董事会的设置、董事会会议的召开在公司章程中都详细列示，董事会会议的议程安排也表示了其正式性，而在其他团队比较少见（Nadler et al., 2011）。

第八，在管理文献中董事会规模一般大于其他工作团队。董事会团队平均有 13 人，高层管理团队一般 5～9 人，其他工作团队平均 5.6 或 5.9 人（Forbes and Milliken, 1999）。

3.1.2 董事会多元化的界定

董事会多元化是在团队多元化的基础上发展起来的。目前关于团队多元化的研究成果颇丰，研究者经常或随意地使用多元化（diversity）这一术语和异质性（heterogeneity）、差异性（dissimilarity）、分散性（dispersion）、不平等（inequality）等同义词。然而，多元化的精确意义尚不清晰，对这一构念还需仔细审查和细化（Harrison and Klein，2007）。本书借鉴哈里森和克莱因（Harrison and Klein，2007）的观点，多元化是指单位（组织或团队）成员在某一共同属性上的分布差异，比如任期、种族、态度或薪酬等。需要强调的是，首先，多元化是单位、结构性构念，将单位（组织或团队）作为一个整体，而不是关注某一成员与另一成员之间的差异。其次，多元化描述的是一个既定的属性。一个单位不是多元化本身，多元化是单位成员在某一个或多个特定属性上的差异分布。

多元化理所当然地被视为组织的一个特性，研究者通常使用可替换的、不同的标签，包括分散性、异质性、分歧、变异、不平等或者他们的反义词，然而却很少被明确定义，或仅仅提供泛型的定义。例如，汉布里克等（Hambricket al.，1996）将高层管理团队异质性定义为"团队成员特征的变化"。皮尔德、艾森哈特和辛（1999）将人口的多元化定义为"一个单位（如工作团体或组织）在人口统计学属性上异质性程度"。杰恩等（Jehn et al.，1999）认为，价值多元化发生在"工作团队成员对团队任务、目标或使命认识不同"时。

上述定义未能指出差异的本质，也不能明确单位的分布特征，通常情况下，大家对多元化最小值为团队成员在某一属性上没有任何差异这一点达成共识，然而，多元化最大值的分布、形状和意义往往不太明确。当团队成员一半处于非常高的状态，而一半处于非常低的状态，或团队成员在某一属性上完全不同，或团队某一成员在某一属性上显然超过所有其他成员，这些分布能否用相同的指标、相同的理论来进行测量和解释呢？类别性属性、连续性属性的差异分布是否不同？针对这些问题，哈里森和克莱因（2007）将团队多元化划分为分离型（separation）、多样型（variety）和不平等型（disparity）。这些分类有着不同的内涵、理论基础和操作化测量方式，因而会拥有不同的结果，但以往研究却把它们混为一谈，这在中国多元化研究中尤为明显（卫旭华、刘咏梅和陈思璇，2015）。

1. 分离型多元化

分离型多元化是指团队成员在一个连续性属性（简称 S）的水平差异，例如，价值、立场或观念。当团队成员在属性 S 分布上都持有相同观点，这时分离型多元化取值最小；当团队成员平均分布在属性 S 两个对立的极端点时，分离型多元化取值最大，例如，团队成员对某一问题的态度，一半支持，另一半反对，这时多元化程度最高，具体分布详见表 3-1。因为 S 分布的对称性，通常通过标准差（standard deviation）或平均欧几里得距离（mean Euclidean distance）进行测量，数值越大，说明团队多元化程度越高。相关理论基础是相似性吸引理论和社会认同理论。相似性吸引理论认为在群体内成员之间越相似，成员之间越容易相互吸引。团队成员之间越相似，分离型多元化程度越低，有助于产生更高水平的合作、信任和社会整合。社会认同理论和自我归类理论认为，人们会自动地将事物分门别类，因此在将他人分类时会自动地划分为内群体和外群体，从而对自己所属的群体产生认同，并产生群体内偏好和群体外偏见，最终导致群体凝聚力减少、群体认同感降低、满意度降低等负面影响（Milliken and Martins，1996）。本书中分离型多元化指的是年龄多元化，年龄既可以反映个体的阅历又可以反映其风险倾向，是立场或观念的代理变量。年龄多元化程度低的团队拥有共同的或相近的经历，这种经历易使他们形成对待事物或问题的相同态度或兴趣，从而强化有效地交流和沟通（Zenger and Lawrence，1989）。

表3-1 团队多元化不同类型的取值

类型	最小值	适中	最大值
分离型多元化			
多样型多元化			
不平等型多元化			

资料来源：根据哈里森和克莱因（2007）的文献进行整理。

2. 多样型多元化

多样型多元化是指团队成员在种类或类别属性（简称V）上的差异，主要是职能背景或网络联结等信息、知识或经验方面。属性V分布对称或不对称无从谈起，V没有高或低，V的分布代表团队成员不同类别的数量。当团队所有成员在属性V上处于同一个类别时，多样型多元化取值最小，这时任何一名团队成员的加入都不能使团队获得额外的信息；当团队成员在V属性上拥有完全不同与他人的类别时，多样型多元化取值最大，是信息最丰富的分布，例如，团队有8名成员，每人拥有不同的学科背景，一个是心理学家，另一个是电子工程师，其他有微观经济学家、社会学家、人类学家、语言学家、医师和律师。多样型多元化的最小值和最大值分别被称为"完美的同质性"和"最大异质性"（Preiem，Lyon and Dess，1990），具体分布详见表3-1。通常采用Blau系数或熵（Entropy）进行衡量，数值越大，说明团队多样型多元化程度越高。相关理论基础是群体决策理论、信息加工理论和控制论。这些理论认为，团队成员在信息、知识、经验等方面的多元化能够拓展团队视野，促进成员之间知识的整合和信息的交流，从而提升团队的创造力和决策质量（Han, Hanand Brass, 2014）。本书多样型多元化指标包括性别多元化、受教育水平多元化、专业背景多元化、职能背景多元化。

3. 不平等型多元化

不平等型多元化是指团队成员在有价值的社会资产或资源（简称 D）方面的垂直差异，如工资、权力、声望、地位，表现为团队成员拥有属性 D 的数量或比例的不同，也称之为层级。不平等型多元化分布是非对称的，并且 D 分布的差异具有方向性。例如，如果团队 10% 的成员拥有大量的 D，而 90% 的成员拥有很少，不平等程度很大；相反，如果 90% 的团队成员拥有大量的 D，而只有 10% 成员很少，不平等性很小。在第一种情况下，团队 90% 的成员是弱势群体，因为他们拥有更少的资源。在第二种情况下，只有 10% 的成员是弱势群体。当团队成员拥有相同份额的 D 时，不平等型多元化程度最低，表示团队成员在属性 D 上是平等的；当团队中仅有一人地位高于其他人，在属性 D 分布上，仅一人处于最高点，而其他成员处于最低层，这时不平等型多元化程度最高。最大的不平等被恰当地描述为"一个人拥有一切和其他人一无所有"（Harrison and Klein, 2007）。不平等型多元化往往通过基尼系数（Gini coefficient）或变异系数（coefficient of variation）进行衡量，数值越大，说明团队不平等程度越高。

层级以各种形态普遍存在于各种团体和组织中，是社会关系的最基本特征之一。组织层级是个人或团体在有价值的社会维度上隐式或显式的等级次序（Magee and Galinsky, 2008）。层级赋予了组织内或团体内个体的高低排序，进而造成个体拥有资源的不均匀分布。马吉和加林斯基（2008）在对西方的社会层级文献进行归纳的基础上，提出权力（power）和地位（status）是两个最独特和最基本的层级维度，其中，权力是指对有价值资源的控制，表现为在组织中的正式位置，包括个体的职级（hierarchal level）、等级（rank）、工作头衔（job title）等，其获得源于组织设计或制度规定，属于正式或显式层级；地位来自组织个体之间的主动人际互动，直接表现为个体的影响力（influence）、声望（prestige）、尊重（respect），形成团队内部的尊重或顺从次序，属于非正式或隐式层级（Anderson and Brown，2010；卫旭华、刘咏梅和岳柳青，2015）。

权力和地位作为组织最基本的层级，但二者之间既有不同也有联系。在心理学和社会学相关领域，权力是指个体施加影响从而改变他人或团体行为的能力。地位被定义为个体或团体受他人尊敬、赞赏和高度评价的程度，具有以下特点。

（1）地位是其他行为人赋予的属性，依赖于别人的判断和评价，一个人不会形成地位。而权力往往附属于组织的纵向科层关系，具有典型的制度化特征，是基于行为人拥有资源的高低排序，不依赖于一个授予的过程（Magee and Galinsky，2008；Fragale and Overbeck，2011）。

（2）虽然地位是基于团队其他成员的主观评价，但是团队成员之间往往对个体地位的评价达成高度一致（Magee and Galinsky，2008）。

（3）最重要的一点，个体往往对团队成员的地位进行不均匀区分，从而创建一个等级次序，属于非正式的层级，地位层级能给团队提供一个清晰的认知——地位层级最高的人被认为是最有见识和最有影响力的。

（4）地位的运作具有零和性，即一个个体的获得意味着另一个个体的损失（Dijkand Engen，2013）。地位和权力还具有自我强化的属性，当控制有价值资源的个体受到团队其他成员的尊重时，高权力的个体同时拥有高地位；若受到尊重的个体是因为拥有资源的控制权，拥有高地位的个体同时也拥有权力（Magee and Galinsky，2008）。综上所述，权力和地位层级之间的关系见表 3 - 2。

表 3 - 2   权力与地位层级的关系

层级维度	相同点	不同点			
		属性来源	属性表现	主体	层级结构
权力	存在等级排序、零和性、自我强化	有价值的资源	个体的职级、工作头衔	行为人	正式层级
地位		受他人尊重的资源	影响力、声望、尊重	共同行为人	非正式层级

资料来源：根据马吉和加林斯基（2008），卫旭华、刘咏梅和陈思璇（2015）的观点整理。

相关理论基础是公平理论、社会层级理论（social stratification theory）。目前研究结果表明，不平等型多元化结构是一把"双刃剑"。一方面，团队成员之间的资源分布不平等可能会增加团队成员的不公平感知，降低成员的满意度，并导致员工离职意愿的上升，不利于组织目标的实现。另一方面，层级能建立社会秩序和促进内部协调，层级能够清晰地对团队成员拥有的资源和影响力进行有序地划分，有利于信息在团队成员之间有效地流动和整合，可以最小化成员间非生产性的冲突，提高团队交互的效率和效益。目前，在组织文献中，分离型多元化和多样型多元化的研究比较常见，而关于不平等型多元化则很少（Harrison and Klein，2007）。本书涉及的不平等型多元化主要是权力多元化和地位多元化。

综上所述，分离型多元化、多样型多元化和不平等型多元化的含义、特点、分布、测量指标和理论基础详见表 3 - 3。

表 3 - 3   团队多元化的含义、特点和测量

类型	含义	分布	属性	测量指标	理论基础
分离型	在连续性属性的水平差异	双峰分布	价值、立场或观念	标准差、平均欧几里得距离	相似性吸引理论、社会认同理论

类型	含义	分布	属性	测量指标	理论基础
多样型	种类或类别属性上的差异	均匀分布	职能背景或行业背景等信息、知识或经验	Blau 系数、熵	群体决策理论、信息加工理论、控制论
不平等型	有价值的社会资产或资源方面的垂直差异	正偏态分布	权力、地位	基尼系数、变异系数	公平理论、社会层级理论

资料来源：根据哈里森和克莱因（2007）的文献进行整理。

3.2　董事会多元化影响创新战略的机理

经济学家熊彼特于 1912 年在《经济发展理论》一书中给出创新的概念，并将其纳入经济发展之中，并论证了创新在经济发展过程中的重大作用。根据熊彼特的观点，创新是指采用一种新的产品、引用一种新的生产方法、开辟一个新的市场、控制一种新的原材料供应来源以及实行一种新的组织形式。此后，沿着熊彼特的"创新理论"逐渐形成 2 个分支：一是以技术变革和技术推广为对象的技术创新经济学；另一个是以制度变革和制度形成为对象的制度创新经济学，包括管理创新（苏敬勤和林海芬，2010）。技术创新为管理创新营造外部环境和提供内在动力，管理创新可以优化技术创新的开发流程，为技术创新的开展提供保障（苏中锋和孙燕，2014），技术创新是生产力，管理创新是生产关系，从而决定了技术创新是决定民营企业成长的内在动力。因此，本书主要强调的是技术创新，并且是不仅仅能提高销售额或者改进产品的性能，或为顾客创造某种价值，更重要的是能建立长期竞争优势的技术创新，即为技术创新战略。

目前学术界对战略决策制定动因的研究大体可以分为两大流派：一个是强调"自主成长"的内生理论；另一个是强调"强迫成

长"的外生理论（刘明明、肖洪钧和蒋兵，2011）。战略决策制定的内生理论认为，组织资源能力的演化推动着企业一系列的战略决策；而战略外生理论则认为，战略决策制定的动力主要来自企业外部经营环境的变化。实质上，企业与环境之间相互影响、相互作用，只有组织制定的战略与内外部环境相适应，组织制定的战略才能发挥其应有的作用。同样，创新战略的动因也不例外，民营企业创新战略的制定是内部资源和外部环境相匹配的结果。

从内部动因来看，作为企业的战略决策机构，董事会直接对战略决策负责。企业创新活动是一个非常重要的战略选择，公司通过制定科学的创新决策以适应不断变化的市场环境、技术环境和竞争环境。作为战略的制定主体，董事会的设置从总体上决定了企业的创新投入、创新方式和创新绩效（鲁银梭和郝云宏，2012）。然而，由于创新活动通常具有巨大的不确定性、冗长的过程和复杂的任务等特点，若缺乏有效的指导和充足的资源公司很难发展成有效的创新能力（Dalziel，Gentry and Bowerman，2011）。为了保障董事会的决策需要，董事会成员必须拥有多方面的知识和经验，这样才可以为公司提供创新战略决策所需的信息和资源，并能履行创新战略的监督职责，从而激励公司进行创新活动并能产生更好的创新方案。

董事会决策是团队成员互动基础上的整体功能的发挥，为了克服有限理性和过度自信可能造成的决策失误，团队成员应具备处理各类问题和风险所需的知识和技能（Huse，2007）。不同类型的人组成的董事会团队，形成了董事会的横向多元化结构与纵向多元化结构。依据哈里森和克莱因（2007）将团队多元化分为分离型、多样型和不平等型，其中分离型和多样型属于横向多元化，不平等型属于纵向多元化。横向多元化对公司创新战略的影响主要是基于资源基础论和高层梯队理论，纵向多元化对公司创新战略的影响主要是基于组织层级理论。

基于资源基础论，企业竞争优势来源于有价值的、罕见的、独特的和不可替代的战略价值资源，这些资源形成了某种被模仿或者复制的隔离机制，有助于企业制定和实施有价值的战略，从而形成企业的持续竞争优势改善企业绩效（Barney，1991）。因此，企业所拥有的战略价值资源是企业在制定创新战略决策时重要的内生性因素。尤其对于公司战略决策制定主体董事会团队来说，其"战略性"的任务要求更是决定了其是公司战略资源和获取持续竞争优势的关键源泉。高层梯队理论认为，高管团队的成员组成决定了企业的战略，因为决策者不同的认知框架会带来不同的看法，从而提供不同的战略选择框架。决策者通常面临着大量的信息源，因此，有必要对信息进行筛选，而这一过程取决于他们对公司所处环境和面临问题的解释。这个解释过程依赖于决策者的知识、经验和价值观，通常选择决策者的个体特征（年龄、性别、种族、教育程度、从业背景等）来反映了他们的知识、经验和价值观。即董事会的年龄、性别、种族、教育程度、从业背景等特征决定了公司的战略选择（Hambrick and Mason，1984；Hambrick，2007）。基于以上理论，本书认为董事会横向多元化能促进民营企业的创新战略，具体如下。

首先，在知识、经验和观念的差异能够为团队提供更多的信息，这意味着与同质性团队相比，多元化的董事会团队能够减轻群体思维。在同质性的决策群体中，决策者倾向于关注所熟悉的领域，导致决策往往是有偏见的（Hambrick and Mason，1984）。相反，因为包含多样化的知识来源，多元化团队拥有广泛的想法和信息，独特的想法和观点影响着机会的识别、开发和决策的选择。创新领域的建立也需要董事会来决定分配给每个领域的资源数量，无论是人力资源、财力资源或时间资源，通常情况下，重点区域内的创新活动需要大量的人力和财力资源以及更长的时间。董事会成员不同的知识、经验和观念能够更好地、及时地预见潜在的创新障碍，从而影响资源和时间的分配（Talke，Salomo and Rost，2010）。另外，董事会团队知识、经验和观念的多元化也会伴随着社会关系的多元化，即拥有不同的社交网络和合作伙伴，与合作伙伴的接触可能会改善董事会的选择基础，从而影响到分配给每个创新领域的公司内部和外部资源。

其次，董事会成员个体特征的多元化反映了他们的认知多元化，在解决复杂的、非常规的问题上，认知多元化能提高决策质量，因为团队成员认知问题上的分歧能够产生差异化的决策方案，当董事会面对不同背景的董事对议案的提议时，他们不得不进行批判性的讨论，重新思考他们的观点，并考虑之前未曾考虑的因素，识别有前景的市场和抓住技术上的机会，从而更好地匹配公司战略目标，并防止资源浪费，而这肯定超出了个体的思维范围。群体决策的相关实证研究也支持这种说法，表明与同质群体相比，针对复杂的任务多元化的群体可以激发创造性思维和发散思维，产生更高质量的决策和通过认知冲突能产生更多的创新方案（Amason，1996）。另外，团队成员之间的冲突还可以避免自满和浪费资源的错误（Bourgeois and Eisenhardt，1988）。

因此，董事会成员在年龄、性别、教育背景、专业背景、职能背景等属性上的横向多元化结构能够拓展团队视野并促进团队知识的整合，从而促进更高的团队创造性、更高的决策质量以及更高的团队灵活性，从而影响着创新机会的识别、开发和决策的选择。在识别阶段，多元化的董事会能确定新的创新机遇；在开发阶段，多元化的团队能提出各种各样的想法来设计解决方案；由于多元化团队能提供更多的信息，在选择阶段可以进行更全面的评价。

董事会战略职能的履行和控制职能一样任务复杂，为了有效地执行这些任务，董事会成员之间的需要一个最低水平的人际吸引或和谐相处。然而当董事会较分散时是很难维持的，这时需要在董事会中产生"掌权"的人，使董事会成员尊重地倾听其的观点，致力于以集体的方式完成董事会的任务。由于董事成员拥有对企业的管理决策及资源配置的权力不同而形成层级，从而水平型董事会结构转变为塔形董事会结构。权力层级使得高权力者更加有力地影响其他董事的行为，促进团队内部的明确分工，简化董事之间的交互，促进合作，提高创新战略决策的效率。董事会成员依专业能力与人格魅力而形成的被他人信任与尊重的程度不同，从而形成隐性的地位层级，基于信任与尊重而形成的服从顺序有助于鼓励董事分享知识并维护董事间的合作，对于缓解无效冲突以及提高决策质量具有积极的作用。信任感使董事们愿意尝试理解制定战略的意图，并表现出更多的支持行为，从而减少因不信任而产生的认知与结构性争执，提高决策效率与保障决策效果。在我国"关系本位"与"权威服从"的社会文化背景以及市场化程度不高的治理情境下，纵向层级结构更有助于冲突的解决与效率的提升（曾江洪和肖涛，2015；张耀伟、陈世山和李维安，2015；谢永珍等，2015）。董事会横向结构特征无法诠释董事成员在决策过程中的互动关系，尤其是冲突的缓解（He and Huang，2011）。因此，在中国情境下，董事会纵向多元化结构能促进创新战略决策的制定。

3.3 创新战略影响民营企业成长的机理

为什么不同企业的成长率会呈现差异？按照产业组织理论的"结构—行为—绩效"的分析范式，企业的行为影响着企业绩效。彭罗斯（1959）认为，公司内部成长机制是在"企业资源—企业能力—企业成长"的分析框架下展开的。受熊彼特创新理论的影响，彭罗斯强调了创新能力对企业成长的重要性，并认为，企业成长是通过创新、变革等手段整合企业资源进而促进企业持续成长的一个动态过程。纵观国内外公司的成功历程，公司生存和发展的基础就在于创新，通过采取技术创新来促进自身的成长，公司才能在市场竞争中获胜（陈晓红、李喜华和曹裕，2009）。

技术创新战略对公司的持续成长起到决定性作用。在宏观层面上，众多宏观经济数据表明，研发活动产生的技术创新是经济增长的驱动力。然而，在微观层面上，虽然也对二者之间的关系进行了大量的研究，但研究结论并不统一。本书认为主要有两个原因：一是忽视了企业成长的模式；二是没有区分创新战略对企业成长的短期和长期影响。

将企业成长作为企业产出似乎是一个"过于单纯化"的现象，大多数的研究天然地假定企业是内在增长，然而，事实上许多企业并不是如此（McKelvie and Wiklund，2010）。吉尔伯特、麦克杜格尔和奥德斯（Gilbert, McDougall and Audretsch, 2006）进行文献综述时对未区分内在增长和其他模式增长感到"惊讶"，已有证明表明不同的成长模式对成长率有很大的差别。例如，不同的成长模式（内部、兼并或混合）可能与公司的产品市场战略相关。德尔马、戴维松和加特纳（Delmar, Davidsson and Gartner, 2003）研究发现，在其样本中10%的公司主要通过兼并来发展壮大，许多成功的高增长的公司基于他们的兼并活动来实现的。麦克凯维和维克隆德（McKelvie and Wiklund, 2010）提出未来研究公司成长影响因素首先应关注成长模式，因为公司成长模式不同，影响因素必然随之而变。因此，有必要区分公司的成长模式，本书主要从内在成长模式入手，探索其影响因素，这也决定本书的样本选择中应排除进行兼并的公司。

任何一项创新活动从最初创新思想的提出，经历创新资源的投入、研发、生产、营销到最终市场化，都要经历一个漫长的过程。因此，创新战略对公司成长的影响通常表现出滞后性，对短期成长不会有显著提升的作用，相反，由于创新活动大量的资源投入会制约短期成长。因为在短期内，技术创新更多的是人力、资金的投入，这种投入往往很难在当年或是较短的时间内产生收益，并且创新过程的复杂性和不确定性也是众所周知的。创新是寻找和发现、开发、改进、采用和推广新工艺、新产品和新组织结构和新流程，确实涉及不确定性、冒险、探索、再探索、试验和测试。因此，创新投入之初创新的过程本身及其对公司绩效各个方面的影响都可能难以预测，对企业绩效的影响往往是负面的。

但随着时间的推移，创新活动的风险逐渐降低，其成果也会逐渐显现。随着资金投入的增加，研发能力强的企业通常能以更快的速度研制出新专利或新产品，并投入生产进而领先进入市场，进而能为企业带来一定的定价优势，获得垄断利润。另外，随着创新资金的投入，企业能有效地改变原有的生产流程或生产模式，可以减少原材料的投入，从而降低产品成本，或提高生产效率，最终提高企业绩效（王铁男和涂云咪，2012）。因此，在一个较长的时间跨度内，创新战略有助于增加产品的多样化，提高吸收能力和利用知识的能力，使企业更具竞争力，进而促进企业的长期成长。目前，分析创新活动对公司成长的长期影响通常是滞后 3～5 年，甚至 6 年（McKelvie and Wiklund，2010）。然而，这种做法忽视了窗口期内经济环境的起伏变化和企业自身的变化。黄贵海和宋敏（2004）、郝云宏等（2014）建议同时采用长期指标和短期指标来衡量企业成长，能够更好地反映企业整体成长，同时体现企业成长是量的成长和质的成长相结合的本质。因此，本书采用不同指标衡量公司短期成长和长期成长，分析创新战略对民营公司成长的短期和长期影响。

3.4　董事会多元化通过创新战略影响民营企业成长的机理

良好的董事会多元化结构有助于促进成员间的合作、沟通，避免战略决策过程中的无效行为，从而有利于提高董事会的治理效果。但这并不意味着董事会结构与公司绩效之间存在必然的联系，它取决于董事会的治理行为，即董事会职能的实际履行程度和董事会的实际参与度（Hendry and Kiel，2004）。因此，董事会特征通过战略决策间接影响公司绩效，创新战略作为董事会战略行为的履行结果，在董事会多元化结构对公司成长或绩效影响上起到中介的作用。现在越来越多的文献强调开发董事会特征与公司绩效之间的中介变量（Forbes and Milliken, 1999; Nielsen et al., 2008; Huse, Hoskisson and Zattoni, 2011; Post and Byron, 2015）。因此，探究董事会多元化结构对民营企业成长的影响，必须打开董事会治理的黑箱，引入中介变量，采用"结构—行为—绩效"的研究范式更符合上市公司成长的实践逻辑。

团队生产理论为董事会多元化结构通过行为影响公司成长提供了有力的支持。依据团队生产理论，输入—过程—输出（input-process-output）模型是测量团队有效性的常用模型，"输入"的指标主要为团队的结构、成员和环境特征等；"过程"指标主要是团队中人际互动行为和一些社会心理因素；"输出"是指团队所取得的绩效。该理论强调董事会作为一个团队而不是简单个体的加总，如何有效协调公司活动和利用不同的资源创造价值。任何一个董事会成员不可能拥有实现预期目标的完全信息和知识，因此，像一个团队进行工作才能获得比个人努力加总更高的生产率（Machold et al., 2011）。在民营企业情境下，公司所有权和控制权的重叠，对外部资源的需求更加迫切。根据团队生产理论的逻辑，董事会被看作合作型团队，通过战略参与为企业创造价值。每个董事会成员能为公司带来特定的和公司相关的知识，特别是公司和行业特有的知识，包括关键技术知识和行业的特点、竞争对手的主要特点和产品、市场发展的信息，然而仅仅拥有静态的知识和信息是不够的，若不加以利用，这些知识和经验是不会自动地创造竞争优势的，必须通过团队动态交互能力去系统地整合和认知现有资源、开发新资源，即进行创新战略。因此，董事会多元化为创新战略的制定提供关键的资源和信息，创新战略的实际履行程度决定了公司绩效。

高层梯队理论认为董事会特征通过产品创新、并购、多元化战略等战略间接影响着公司绩效（Hambrick and Mason, 1984）。目前已有研究表明，创新战略在董事会多元化结构与企业成长之间具有显著的中介效应。例如，米勒和特里亚纳（2009）研究发现，创新战略部分中介了董事会种族多元化与公司绩效之间的关系。李小青（2012）研究表明，创新战略对董事会职能背景异质性、任期异质性与公司价值具有显著的中介作用。邵毅平和王引晟（2015）的研究也表明，R&D 投资对董事会资本与企业绩效具有中介效应。

虽然越来越多的学者建立了董事会多元化通过监督或战略参与（创新战略）影响公司绩效的理论框架，但是也需要正视董事会监督或战略参与职能的履行不一定线性影响着公司绩效（Johnson，Schnatterly and Hill，2013；Post and Byron，2015）。创新战略对上市公司短期和长期成长的影响不同，创新活动有助于长期绩效的改善，但可能导致企业短期收益的不稳，由于短期资金的大量投入和高风险，不利于短期收益的改善。因此，创新战略在董事会多元化与公司短期成长、长期成长之间的中介效应是不同的。

3.5　情境因素影响董事会多元化与创新战略关系的作用机理

作为战略权变理论，资源依赖理论将企业组织视为一个开放的系统，其依赖于外部组织和周围的环境。因此，必须根据企业组织所处的情境，采取相应的组织管理措施，从而保持对环境的最佳适应。也就是说，不存在最佳的组织结构，在确定一个既定"结构"的有效性方面，情境因素起着关键作用（Birkinshaw，Nobel and Ridderstrale，2002）。董事会结构和情境因素之间的配合能带来更好的绩效，二者之间越搭配，组织绩效越好。

在董事会治理研究中权变的观点一直被采用。在理论研究中，汉布里克和梅森（1984）在构建高层梯队理论时，提出，公司的内部和外部情境因素影响着高管团队的特征和战略决策的制定。福布斯和米利肯（1999）认为，董事会职能和有效性的变化是情境因素的函数。在实证研究中，汤姆森、卡梅洛和瓦尔（Hernandez，Came-

lo and Valle，2010）研究表明，所有制结构调节着董事会构成和
R&D 投资之间的关系。赵琳和谢永珍（2013）检验了控股股东类
型对董事会特征与 R&D 投入的调节作用。研究发现，董事会规模、
董事会持股比例、董事会会议次数对 R&D 投入的影响根据控股股
东类型而产生权变。佐纳、扎托尼和米尼利（Zona，Zattoni and
Minichilli，2013）认为公司规模是一个促进或限制公司创新决策的
关键情境变量，验证了董事会规模、外部董事比例和董事会多元化
对公司创新的影响，研究表明这种影响力取决于公司规模的大小。
黄蕾（2011）采用分组验证的方法，分析了不同产品市场竞争度下
董事会规模、结构以及董事长与总经理是否两职合一对企业技术创
新的影响。何强和陈松（2011）采用分组验证的方法，表明，行业
类型和地区分布是影响董事会学历分布与 R&D 投入之间关系的重
要情境因素。曾江洪和肖涛（2015）研究了董事会非正式层级对创
业板企业技术创新绩效的影响，实证研究表明，独立董事在层级中
的位置和董事会规模调节着二者之间的关系。

博伊德、海恩斯和佐纳（Boyd，Haynes and Zona，2011）提
出，目前董事会治理的研究缺乏一致的研究结论，情境视角对于揭
开董事会特征产生的影响可能是有用的，研究表明，组织运作的情
境可能会增强或减弱董事会特征对组织产出的影响大小。因此，基
于权变的角度来推进对董事会治理的理解是必需的。全球化和新常
态已成为 21 世纪被普遍认可的企业竞争环境，企业面临的外部环
境不确定性增大，董事会作为战略人力资本的重要来源，其重要性
将会提高，战略参与的可能性也会提高。

本书主要考虑两个重要的外部情境因素——产品市场竞争和区
域经济发展水平，旨在表明董事会多元化对公司创新战略产生不同
的影响取决于组织的外部情境。产品市场竞争作为一种重要的外部
治理机制，主要通过产品市场竞争的压力所产生的破产威胁对公司
管理者（包括董事会和经理层）进行有效的激励和监督。产品市场
竞争使公司面临着严峻的经营环境，管理者为了避免由于管理不善

而被免职的风险，不得不为了提高公司竞争力而加大创新力度。所以，产品市场竞争是促进管理层进行创新的重要外部条件。区域环境是影响企业行为的重要外部条件，区域经济发展水平越高，企业面临的区域环境越完善、资源越丰富，公司创新的条件和资源越完备。区域经济发展水平越高，个体拥有更多的机会接触到各种资源，如教育资源、经济参与、就业和政治参与等（Hausmann et al.，2012）。

　　基于以上分析，情境因素、董事会多元化、创新战略对公司成长的作用机理模型如图 3 – 1 所示。

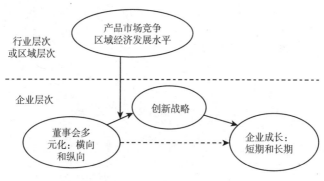

图 3 – 1　本书的逻辑结构

3.6　本章小结

　　本章在区分组织中董事会团队与高管团队的基础上，首先界定董事会多元化，然后借鉴哈里森和克莱因（2007）的观点，将董事会多元化分为分离型（separation）、多样型（variety）和不平等型（disparity）。这些分类有着不同的内涵、理论基础和操作化测量方式，因而对创新战略决策以及公司成长会产生不同的影响。在此基础上，基于资源基础论、高层梯队理论和组织层级理论分析了董事会多元化对公司创新战略的作用机理。基于产业组织理论的"结构—行为—绩效"的分析范式，认为企业的创新战略影响着企业成长，并强调关注企业成长的模式和创新战略对企业成长的短期和长期影响。基于高层梯队理论和团队生产理论，董事会多元化对企业成长并非简单而直接的关系，而是通过创新战略产生间接影响，创新战略在二者之间起到中介的作用。最后，基于资源依赖理论，董事会履行战略职能的有效性是情境因素的函数，董事会多元化对公司创新战略产生不同的影响取决于组织的外部情境。

第4章 董事会多元化、创新战略对民营企业成长影响的研究设计

本章基于情境因素、董事会多元化结构、创新战略对民营上市公司成长的作用机理，建立相关研究假设。借鉴哈里森和克莱因（2007）对多元化的界定，将董事会多元化结构分为分离型多元化、多样型多元化和不平等型多元化。董事会分离型多元化选取年龄属性，多样型多元化选取教育背景、专业背景、职能背景属性，不平等型多元化选取权力和地位两个最基本的层级。技术创新战略作为公司获得竞争优势、扩大市场份额、促进公司成长的关键战略，不仅受到内部制定主体——董事会特征的影响，还受到外部因素的影响，本书选取行业环境和区域环境两个外部因素。由于创新战略具有不确定性、滞后性和长期性，决定了创新战略对公司短期和长期成长性的影响是不同的，本书分别建立相关假设。

4.1 研究假设

4.1.1 董事会多元化对创新战略影响的研究假设

1. 董事会分离型多元化对公司创新战略的影响

（1）董事会年龄多元化对公司创新战略的影响。约翰逊、斯奈特林和希尔（2013）进行文献梳理后，提出董事会年龄与多个潜构

念相关，董事会年龄是一把"双刃剑"，即代表拥有宝贵的经验也表示较高的风险规避。因此，建议选取董事会平均年龄和年龄多元化分别进行衡量。

年龄同质的董事会拥有相似的价值观，因为在他们的性格形成期受到相同历史事件的影响，这种同质性强化了他们之间对工作相关事项的有效交流和沟通。因此，这样的团体更熟悉公司业务和公司的价值取向，从而确保更好的目标一致性。依据相似吸引理论，年龄同质的董事会易产生人际吸引，团队的稳定性越高，可以避免由于代际差距造成的沟通和信任问题，但可能会造成自负、任人唯亲、缺乏新思想和妥协。然而，一个年龄多元化的董事会可以确保更有效的分工运作，年长的董事能提供经验、智慧和经济资源，在心理上更忠诚于公司，之前几乎都具有同行业的工作经验；中年的董事在公司或社会上担任重要的岗位，能为公司提供广泛的社会网络资源；年轻的董事勇于创新，充满活力，更能把握新思想和学习新事物，能为董事会决策带来更大的动力（Anderson et al.，2011）。另外，一个年龄多元化的董事会也能隐约地处理高层管理团队的继任问题从而为董事会成员的未来提供一个可持续发展的路线。

董事会年龄多元性可以减少群体思维，促使董事会不致力于满足现状和现有战略，使董事会充分认识到环境变化和识别有前景的市场，提高公司进行创新战略的概率。有研究表明，年龄多元化的高层管理团队更容易接受变化（Wiersema and Bantel，1992；Boeker，1997）。由于不同年龄段的董事接触不同的行业和商业环境能提供认知多样性，处在同一年龄段的高管和董事拥有相似的工作经验，进而拥有相似的态度和观点（Wagner，Pfeffer and O'Reilly，1984）。此外，董事会团队年龄多元化也将导致决策风格多样性和冒险性行为（Hitt and Tyler，1991；Barker and Mueller，2002），也会减少在战略信息处理中的偏见，促进公司创新战略的制定和实施。李小青和孙银风（2014）证实了董事会成员年龄多元化与金融创新之间存在显著的正相关关系。

据此，提出假设 H1：董事会年龄多元化与民营企业创新战略呈正相关关系。

（2）董事会平均年龄对公司创新战略的影响。年龄不仅可以映射出个体的阅历、管理经验，而且可以反映其风险偏好，并影响其行为的选择（谢永珍，2016）。通常认为，个体的年龄越大，越倾向于规避风险，进行创新战略的积极性就会下降。一方面，随着年龄的增长，人的学习能力和认知能力往往随之下降，接受新事物和新观点的能力也会下降，于是，倾向于作出保守型决策以维持现状（陈忠卫和常极，2009）。对于董事亦然，年轻的董事更能把握新思想和学习新事物，风险意识较强，勇于创新，而年长的董事则比较保守（李小青和孙银风，2014）。另一方面，随着年龄的增长，经营者所关注的事业问题也随之下降（Ahn and Walker，2007）。年长的董事更加看重收入的稳定性和职业的稳定性，尤其是临近退休年龄的董事，更在意当前职位的安全和短期报酬的提高，而公司创新活动作为一项风险性很高、实现收益的周期很长的战略决策，年长的董事自然不感兴趣；而年轻的董事对未来职业生涯有着长远的预期（Dechow and Sloan，1991），他们更愿意抓住机遇，在激烈的市场竞争中获得强烈的成就感，因此年轻的董事更倾向于进行创新战略。已有研究表明，越是年长的经营者，越倾向制定保守的战略决策，从而丧失较多的市场机会，而年轻的董事会与战略变化正相关，例如，魏斯玛和班特尔（Wiersema and Bantel，1992）、安和沃克（2007）。因此，董事会平均年龄越大，往往选择更为稳健、稳定的战略决策，民营上市公司进行创新的可能性降低。李小青（2012）、雷辉和刘鹏（2013）等研究表明决策团队成员越年轻越能促进公司创新战略决策的制定。

据此，提出假设 H2：董事会平均年龄与民营企业创新战略呈负相关关系。

2. 董事会多样型多元化对公司创新战略的影响

群体决策理论和信息加工理论认为，信息、知识、经验方面多元化的团队，可能会为团队带来多方面的信息，能够拓展团队视野并促进知识的整合，从而提高团队创造力和决策质量。本书选取的多样型多元化指标有：性别多元化、受教育水平多元化、专业背景多元化、职能背景多元化。

（1）董事会性别多元化对公司创新战略的影响。依照高层梯队理论，董事的认知框架（搜索和评估信息的过程）取决于他们的经验、知识和价值观。由于这些经验、知识和价值观影响着董事如何搜索和解读信息，因此，董事的认知框架塑造着董事会战略决策。我们认为，女性和男性的认知框架是不同的，董事会性别多元化可能会影响公司创新战略决策。首先，女性拥有与男性不同的知识。已有研究表明女性董事通常获得更多的大学学位和更高的学历水平（Carter et al.，2010）。一方面，较高的教育水平有助于开发个体用于学习和处理信息的更有效方法，受教育水平越高的个体越能从复杂事物中看到其本质，也能以更加系统的方式从定性的角度和运用结构化的知识来分析问题。董事会的受教育程度越高，分析问题的能力越强，董事会能更加科学地、有效地进行创新决策的制定。另一方面，董事受教育水平影响着董事对风险的态度。董事会成员受教育水平越高，获取、分解和使用信息的能力越强，从而能更加客观地评价和接受创新活动中的风险，增加公司进行创新战略的可能性。这一观点也得到了实证的验证，例如，何强和陈松（2011）、周建和李小青（2012）、李长娥和谢永珍（2016）研究发现受教育水平越高的董事会能促进公司的创新投入。其次，女性董事拥有与男性不同的经历。随着性别在收入方面差距的缩小，女性已经开始对家庭购买的决策产生更多影响和控制（Phipps and Burton，1998）。因此，女性董事可能给董事会带来新的、不同的对消费市场的理解（Groysberg and Bell，2013）。她们更接近于市场，更了解消费者的需求，对公司的产品创新能提供更加准确的方向。最后，女性董事拥有与男性不同的社会资本和网络资源。女性的社会网络要比男性更加多样化，因为女性为了获得他们的职业和社会资源必须保持多元化网络（Ibarra，1993），他们保持着广泛的接触从而更容易维护这些弱关系，而这些弱关系因能提供对公司的成功至关重要的非冗余信息被认为非常有价值（Granovetter，1973），也是公司创新活动的关键信息来源。

解释董事会性别多元化与公司创新战略之间关系的另一理论是性别助长理论。性别助长是指对于性意识发展成熟的人，异性有高于同性的特别行为促进作用（金盛华和张杰，1995；宋春蕾、殷玮和陆胜男，2012）。已有研究表明：在行为方面，对于男性，若有异性在场其行为表现会更加冒险（Charness and Gneezy，2012；Cobey et al.，2013）；在异性环境下，男性和女性在创造性活动上均存在异性助长效应（赵轶然、弭腾和曹贵康，2015）。在董事会研究方面，亚当斯和费雷拉（2009）实证结果表明，女性董事比例越高，男性董事参与治理变得更加积极，存在显著的"性别助长"效应。谢永珍（2016）研究发现，女性董事的民主式和参与式的管理风格，使董事会的行为强度显著增加，董事会成员在战略参与和监督活动中表现得更加活跃。因此，本书认为，男性受一种印象动机的推动，在异性面前会倾向于以较好的表现来展示，从而博得她们对自己的好印象或其他积极色彩的评价，从而促进激发创造力，促进企业战略决策方案的提出和制定，提高企业创新投入的可能性。

基于高层梯队理论和性别助长理论，提出假设 H3：董事会性别多元化与民营企业创新战略呈正相关关系。

（2）董事会平均受教育水平对公司创新战略的影响。董事受教育水平将影响董事对事物的判断和分析能力。受教育水平反映了个人的知识和技能水平。较高的教育水平有助于开发个体用于学习和处理信息的更有效方法，而不是死记硬背或是生搬硬套（Hitt and Tyler，1991）。学习理论表明，受教育的个体通过类比可以将具体情况进行抽象处理，但是这种类比的能力不是天生具备的而是通过学习锻炼出来的。受教育水平越高的个体越能从复杂事物中看到其本质，也能以更加系统的方式从定性的角度和运用结构化的知识来分析问题。由于创新战略活动通常具有巨大的不确定性、冗长的过程和复杂的任务等特点，致使公司创新决策极具复杂性和困难性，这势必对创新决策者——董事会的认知能力和信息处理能力有着更高的要求。董事会的受教育水平越高，拥有的知识结构越全面，越有能力满足创新战略决策所需的复杂要求，从而董事会能更科学和有效地进行创新决策的制定工作。

董事受教育水平影响着董事对风险的态度。有研究表明受教育水平越高的个体更善于接受新事物（Westphal et al.，2005）。董事会成员受教育水平越高，获取、分解和使用信息的能力越强，从而能更加客观地评价和接受创新活动中的风险，提高公司进行创新战略的可能性。这一观点也得到了实证的验证，例如，何强和陈松（2011）以2004～2007年623个制造业上市公司为样本，研究发现，制造业上市公司董事会受教育水平与研发投入正相关。李小青和周建（2012）研究发现，平均受教育程度高的董事会有更强的动机增加企业的研发支出。李长娥和谢永珍（2016）研究表明，不论所处公司所处的行业竞争程度如何，董事会的平均受教育水平对民营企业创新投入均有明显的促进作用。

基于以上分析，提出假设 H4：董事会平均受教育水平与民营企业创新战略呈正相关关系。

（3）董事会受教育水平多元化对公司创新战略的影响。教育水平的高低更多的是提升信息加工的深度，而受教育水平的多元化代表着信息来源和处理的广度。社会科学的研究表明，不同的教育背景代表着不同的社会地位、关系网络和职业发展路径（Useem and Karabel，1986）。团队教育背景多元化能丰富团队成员的视野，促进团队的信息加工。一般来讲，高学历董事会成员的理论功底更扎实，低学历董事会成员的实践经验更丰富，受教育水平多元化可以为董事会提供多样化的信息，对现象有着更深层次的理解，战略制定过程中观点多元化，将有助于提高战略决策质量。受教育水平多元化能够提升信息使用的广度和深度（Dahlin et al.，2005），在建议和监督高层管理者时体现互补优势（Anderson et al.，2011），促进团队成员彼此之间的相互依赖，增进团队成员之间的沟通，进而促进创新活动的产生（Bantel and Jackson，1989；Barrick et al.，2007）。李小青和胡朝霞（2016）证实，董事会受教育水平多元化能促进科技创业企业技术创新动态能力。基于此，董事会受教育水平多元化能促进积极的团队交互，培育积极的创新氛围，提供适用的和建设性的建议，进而促进民营企业的创新战略。

基于以上分析，提出假设 H5：董事会受教育水平多元化与民营企业创新战略呈正相关关系。

（4）董事会专业背景多元化对公司创新战略的影响。教育水平反映了个人知识和技能水平的深度。俗话说，"隔行如隔山"，山就是特定的专业知识。因此，对于错综复杂的、模棱两可的创新决策，决策者不仅具有较高的专业知识水平，更重要的是需要更广阔的知识来源。专业知识多元化的团队就是将承载着不同学科知识、运用不同思维模式、具有不同价值观的人聚拢在一起，实现异质性知识的耦合（柳洲、陈士俊和王洁，2008）。团队成员知识和经验的多样性能显著促进团队的学习，通过团队学习综合个体的信息，不仅形成新的信息，也形成了对问题的新理解（赵慧群和陈国权，2010）。董事在履行监督和战略职能时，需要从公司经营、管理、财务、法律等多领域来发现问题。在董事团队中引入不同专业背景的人才，能够集众家之所长，使问题的分析、解读更全面，进而促进其监督和战略职能的发挥。因此，本书认为，董事会团队专业知识的多元化程度越高，进行创新活动的能力越强。多元化的专业知识可以使董事们对公司发展策略有更多的理解，其视角变得更加开阔，同时打破思维定式，有利于创新决策的制定。希特和泰勒（Hitt and Tyler，1991）、巴克和米勒

（Barker and Mueller, 2002）均发现管理者具备的专业学位类型会对他们做出的战略决策产生影响，获得科学与工程学位的管理者与企业研发投资呈正相关。雅尔玛（Yermack, 2006）和徐（Hsu, 2010）研究表明，具有管理相关知识的董事能促进公司绩效。此外，阿格拉沃尔和纽贝尔（Agrawal and Knoeber, 2001）指出，具有法律知识背景的董事往往拥有政治资源，这也是企业所需的。董事会多元化的专业知识能为管理者提供更广泛的建议，促进企业创新活动，进而提升公司绩效（Kim and Lim, 2010; Sitthipongpanich and Polsiri, 2013）。

基于以上分析，提出假设 H6：董事会专业背景多元化与民营企业创新战略呈正相关关系。

（5）董事会职能背景多元化对公司创新战略的影响。团队职能多元化（functional heterogeneity）主要指团队的成员在职能背景（工作经验）方面的差异。当企业精英做出决策时，会受到他们过去的经验的影响（Cyert and March, 1963）。董事讨论公司重大决策时，思考问题的出发点往往以过去的职能背景为主，职能背景相同的董事对相同问题持相似的观点，更容易从相同的角度作为出发点达成一致的观点，虽然这有助于节省讨论的时间，提高决策效率，但是这种统一性可能会降低团队集体决策的质量。尤其是作为公司最高决策结构——董事会，其讨论的都是公司重大决策，这些决策复杂多变、不确定很大，并且这些决策不仅关乎公司现状，而且关系到公司未来的持续性发展，所以具有多元化职能背景的董事会一定程度上拓宽了决策选择的范围，更有助于形成新颖多样化的观点，这样更有利于企业做出创新性的变革（Thatcher, 2003）。班特尔和杰克逊（Bantel and Jackson, 1989）和史密斯、柯林斯和克拉克（Smith, Collins and Clark, 2005）均认为，团队职能多元化能够激发技术企业的知识创造力。塔格尔、斯奈特林和约翰逊（2010）认为，董事会职能背景多元化代表董事会团队认知基础的多样性，能够为公司决策提供更广阔的视角，增加董事会成员对创业问题的讨论。李小青和周建（2012）发现，董事会成员职能背景多元化对企业创新战略具有积极的影响。因此，本书认为，董事会职能背景多元化有利于促进民营企业创新战略的增加。

基于以上分析，提出假设 H7：董事会职能背景多元化与民营企业创新战略呈正相关关系。

3. 董事会不平等型多元化对公司创新战略的影响

在组织管理研究中，层级的显著特征是存在高低排序，即对资源的不均匀或不平等控制。不平等反映了团队成员之间的距离和资源的集中度，依据哈里森和克莱因（2007），通常用基尼系数或者变异系数进行衡量。当资源在团队所有成员中均匀分布的时候，基尼系数和变异系数均为 0，不存在层级结构；而随着基尼系数或者变异系数的增加，资源愈发集中于少数人手中，团队层级不平等程度也越大。

（1）董事会权力不平等对公司创新战略的影响。史密斯等（Smith et al.，2006）提到，之前高层管理团队的研究多局限于 TMT 的特征对公司业绩的影响，未来需要开展的一个领域是权力分布（power distribution）。希尔曼和达尔齐尔（2003）和芬克尔斯坦、汉布里克和坎内拉（Finkelstein，Hambrick and Cannella，2009）均提出代理理论的一个基本前提条件就是董事会监督管理层的能力，此能力正是董事会和首席执行官之间权力分配的结果，这表明权力的重要性。也就是说，董事会监督高层管理的能力依赖于其权力效应和自己意志的贯彻。因此，审视董事会权力对董事会治理的理解，尤其是对公司战略决策的执行结果尤其重要（Horner，2011）。目前，霍纳（Horner，2011）、加文（Gavin，2012）、李维安等（2014）、尹翠芳等（2014）等已开展董事会团队权力的研究。

权力是指个体施加影响从而改变他人或团体行为的能力（Pfeffer，1981）。由于战略决策具有非程序化和极大的不确定性，因此，权力被认为在战略制定时起着至关重要的作用。董事会权力作为董事对企业的管理决策及资源配置的权力，赋予董事决策制定的合法化（Finkelstein，1992），对董事会运作的效果具有重要的作用（He and Huang，2011）。董事会中各董事权力大小分布的结构称为董事会权力层级，本书认为董事会权力层级不平等与公司创新战略呈正相关关系。首先，从胜任的角度看，最有权力的董事往往是对企业内外部环境最熟悉的人，高权力者（通常是董事长或者CEO）会关注行业中出现的新事物，及时调整决策的过程，从而提出高质量的决策（Hambrick，1981）。其次，高权力者会制造建设性的冲突，通过为团队制定公平性的规则促进有建设性的评论（Smith et al.，2006）。因此，权力越集中，越能有力地影响其他董事的行为，使大家拥有共同的目标，进而提升董事会制定创新战略的效率。

在中国情境下，权力等级不平等对创新战略的促进作用尤为明显，中国作为典型的高权力距离国家，董事会权力不平等更能明确团队内部的分工，简化董事之间的交互，促进合作，这些良性的交互过程对董事会制定创新战略决策都具有一定的促进作用（卫旭华等，2015）。相反，当董事会权力不平等程度较低时，拥有平等权利的董事可能会由于谁也说服不了谁而陷入争执，导致决策过程非常漫长，降低战略决策效率。另外，有研究发现权力和风险之间存在清晰的关系，权力越大的个体往往表现出更大的风险偏好，越倾向于冒险的策略，进行创新战略的动机越大（Anderson and Galinsky，2006）。即董事会权力不平等程度越高时，权力越集中，风险偏好越高，越能促进公司的创新战略。黄文锋和张建琦（2016）研究发现，董事会权力等级集中度对公司战略性资源配置变动具有显著的正向影响。李长娥和谢永珍（2017）研究发现，董事会正式权力层级会促进民营企业创新战略。

基于以上分析，提出假设H8：董事会权力不平等与民营企业创新战略呈正相关关系。

（2）董事会地位不平等对公司创新战略的影响。董事会作为精英团队，与其他工作团队一样，董事会成员基于对彼此能力和影响力的评价在团队中会隐性的、自动地生成一个非正式的层级结构——地位层级（He and Huang，2011）。目前有学者已经意识到，非正式层级在董事会团队交互中起到关键的作用（He and Huang，2011；谢永珍等，2015；张耀伟、陈世山和李维安，2015；曾江洪和肖涛，2015；武立东、江津和王凯，2016）。非正式层级一旦形成，可能会通过协调机制影响董事会团队的交互。由于董事通常花很少的时间聚在一起，再加上任务具有模糊性，无法通过正式的规则加以有效地指导（Finkelstein and Mooney，2003），而这种非正式层级可能在沟通协调方面具有很大的影响力（Magee and Galinsky，2008）。

当地位层级不平等程度越高时，董事成员受到尊重的程度有很大差异，存在清晰的层级排序，可以为董事成员提供明确的指导，例如，何时说话，如何说话，和谁说话，层级较低的董事可能恭敬地允许高层级的董事领导发言，而自己更加关注任务相关事宜，以合作的方式贡献建设性的想法，从而可以最小化董事间非生产性的冲突，提高董事会交互的效率和效益，提高公司进行创新战略的可能性。与此同时，当地位层级低的董事提出好的建议时，高地位的董事可以作为仲裁员来促进团队的交互。相反，若董事会团队的地位层级不平等程度较低，没有清晰的层级结构，团队交互会变得混乱、效率低下、令人沮丧，甚至难以协调（Magee and Galinsky，2008），会导致消极的社会情感行为，而这通常不是任务所驱动的，可能升级为"情感冲突"（Huse，2007），即使该团队是由"明星"组成（董事会平均地位水平较高）（Groysberg and Lee，2009）。因此，董事会地位层级不平等程度越高，越有利于公司创新战略方案的商讨，并能促进及时、有效地制定正确的决策。

据此，提出假设 H9：董事会地位层级不平等与民营企业创新战略呈正相关关系。

4.1.2 创新战略对企业成长影响的研究假设

本书认为民营企业的创新战略对企业成长有短期和长期之分。因为民营企业从成立之日起就开始面临着来自各方面的困难和压力，资金问题、行业竞争等迫使民营企业必须提供更好的产品或服务来获得一席之地，然而产品也是有生命周期的，若民营企业只提供单一的产品，便会随着产品的衰退而影响公司的可持续发展，这就需要公司不断进行技术创新。通过推出新产品或改进工艺，可以降低产品成本或提高产品质量，从而能够获得更多的超额利润；可以作为一种技术壁垒阻止潜在的企业进入，从而占据更大的市场份额；可以提高吸收其他企业创新成果的能力，节约企业自身的研发成本（李洪亚，2014）。然而创新活动通常具有巨大的不确定性、冗长的过程等特点，这些特点决定了创新战略不会在短期内产生效益，相反在短期内，技术创新更多的是资源投入，并且在实施之初公司所面临的风险较大，对企业成长可能会产生抑制作用。随着创新投入的增加，风险逐渐降低，其成果也会逐渐显现（张会荣和张玉明，2014）。因此，创新投入与民营企业的短期成长呈现先下降后上升的关系，即 U 型关系。

战略是设计用来开发核心竞争力、获取竞争优势的一系列综合的、协调的约定和行动，是对企业整体性、长期性问题的计谋，因此，企业的创新战略将对企业的长期绩效会产生更大的影响（郝云宏、甘甜和林仙云，2014），而企业的长期成长不仅反映企业当前的经营绩效，更是对未来收益的预期。技术创新可以使企业开发并生产尚未面市的新产品或改进型产品，拥有一定时期的该产品垄断权，从而获得超额商业盈利，使企业价值得到增长。技术创新还可以改进原有产品的生产工艺，从而降低生产成本，提高企业经济效益，从而企业价值得到增长；技术创新还可以改善产品的品质或提高产品的功能，增加产品的市场份额，企业价值也会随之增加。随着企业的技术创新投入的不断增加，企业的研发能力不断增强，形成更多的技术成果，也会促进组织协调、市场营销、基础管理、资源配套等综合组织能力的提高，逐渐积淀最终形成企业核心能力，为企业创造更多的价值。因此，虽然前期创新研发投入巨大，在短期内其市场份额难以体现，但不代表公司的真实盈利能力，创新投入高的企业往往在资本市场上都能有良好的表现。

因此，本书提出如下假设：

H10：创新战略与民营企业的短期成长呈 U 型关系。

H11：创新战略与民营企业的长期成长呈正相关关系。

4.1.3　创新战略中介效应的研究假设

良好的董事会多元化结构有助于促进成员间的合作和沟通，避免战略决策过程中的无效行为，从而有利于促进企业成长，但这并不意味着董事会多元化结构与公司成长之间存在必然的直接联系，实际上，它取决于董事会的战略参与行为，即董事会战略职能的实际参与度（Hendry and Kiel，2004）。休斯等（2011）发现，在董事会治理主流研究中，大部分文献验证的是董事会结构与公司绩效之间简单、直接的关系，即"投入—产出"型，这种"投入—产出"模型是基于假设董事会行为可以从团队的构成和人口学特征上推断出来的（Hambrick and Mason，1984），然而，很少学者去验证上述假设。劳伦斯（1997）对大量的人口学特征的文献进行综述后发现，董事会特征——绩效的研究结果不能被考虑中介过程的研究所支持，与检验董事会特征与公司绩效的直接关系相比，在董事会研究中考虑行为会产生更多不同的结论。也就是说，董事会结构与公司业绩没有直接联系，而是通过董事会行为这一中介对公司绩效产生影响。因此，影响公司绩效的前因变量是治理行为而不是结构特征（谢永珍，2016）。

董事会行为是指董事会履行战略职能和控制职能的过程和方式（赵琳和谢永珍，2013），也即是，董事会多元化通过战略职能和监督职能的履行影响公司业绩。福布斯和米利肯（1999）构建了董事会与工作相关的多元化结构通过董事会行为（努力规范、认知冲突、知识与技能的运用）影响董事会任务绩效，从而影响公司绩效的理论框架。尼尔森等（2008）认为，董事会行为（辩论、冲突）在董事会多元化和公司绩效之间起着中介作用。波斯特和拜伦（2015）认为，董事会的监督和战略参与活动在女性董事与公司绩效之间起中介作用，通过元分析表明，董事会女性代表与董事会的监督和战略参与正相关。谢永珍（2016）研究表明，更有价值的董事会治理有效性的前因变量不是结构特征而是治理行为。目前已有研究表明，企业的核心战略——创新战略在董事会多元化结构与企业成长之间起到中介作用。例如，米勒和特里亚纳（2009）研究发现，创新战略部分中介了董事会种族多元化与公司绩效之间的关系。李小青（2012）以沪深两市2007~2010年86家高科技上市公司为样本，运用多元回归验证了创新战略对董事会认知异质性与公司价值的中介作用。李小青和孙银风（2014）研究表明，商业银行金融创新部分中介了董事会的任期及教育背景异质性与银行财务绩效之间的关系。邵毅平和王引晟（2015）以2011~2013年我国创业板上市公司数据为研究样本，研究表明，R&D投资对董事会资本与企业绩效具有中介效应。

根据H10的分析，创新战略与民营上市公司短期成长之间的关系是非线性的，因此，创新战略在董事会多元化与民营上市公司短期成长之间的中介效应也是非线性的。同样，根据H11的分析，创新战略与民营上市公司长期成长之间的关系是线性的，因此，创新战略在董事会多元化与民营上市公司长期成长之间的中介效应也是线性的。

因此，本书提出如下假设：

H12a：创新战略在董事会年龄多元化与民营企业短期成长之间起着非线性的中介作用。

H12b：创新战略在董事会平均年龄与民营企业短期成长之间起着非线性的中介作用。

H12c：创新战略在董事会性别多元化与民营企业短期成长之间

起着非线性的中介作用。

H12d：创新战略在董事会平均受教育水平与民营企业短期成长之间起着非线性的中介作用。

H12e：创新战略在董事会受教育水平多元化与民营企业短期成长之间起着非线性的中介作用。

H12f：创新战略在董事会专业背景多元化与民营企业短期成长之间起着非线性的中介作用。

H12g：创新战略在董事会职能背景多元化与民营企业短期成长之间起着非线性的中介作用。

H12h：创新战略在董事会权力不平等与民营企业短期成长之间起着非线性的中介作用。

H12i：创新战略在董事会地位不平等与民营企业短期成长之间起着非线性的中介作用。

H13a：创新战略在董事会年龄多元化与民营企业长期成长之间起着线性的中介作用。

H13b：创新战略在董事会平均年龄与民营企业长期成长之间起着线性的中介作用。

H13c：创新战略在董事会性别多元化与民营企业长期成长之间起着线性的中介作用。

H13d：创新战略在董事会平均受教育水平与民营企业长期成长之间起着线性的中介作用。

H13e：创新战略在董事会受教育水平多元化与民营企业长期成长之间起着线性的中介作用。

H13f：创新战略在董事会专业背景多元化与民营企业长期成长之间起着线性的中介作用。

H13g：创新战略在董事会职能背景多元化与民营企业长期成长之间起着线性的中介作用。

H13h：创新战略在董事会权力不平等与民营企业长期成长之间起着线性的中介作用。

H13i：创新战略在董事会地位不平等与民营企业长期成长之间起着线性的中介作用。

4.1.4　情境因素调节效应的研究假设

企业不能在真空中运营，董事会在决策时必定考虑企业所嵌入的外部环境因素，良好的公司治理需要内部治理结构和外部治理机制的共同作用。广泛的社会心理学团队的研究表明，团队在使用和处理个体成员独特的知识上是不同的（Stasser and Titus，2003），其作用程度取决于所处的情境。即情境因素决定了董事会对公司绩效的影响程度，这一观点与高层梯队理论相符。依据高阶梯队理论，只有团队"参与共同、集体交互和共享信息资源"，团队多样性的认知框架才能产生更有利的组织产出（Hambrick，2007）。在该理论下，卡彭特和弗雷德里克森（Carpenter and Fredrickson，2001）提出，决策所面临的环境不确定性越大，高管团队人口学特征越有可能体现在组织行为和组织产出上，实证结果表明，外部环境的不确定性对高管团队异质性与公司全球化战略定位之间的关系具有显著地调节效应。

坎内拉等（Cannella et al.，2008）的研究也证实了环境不确定性对高管团队异质性与战略决策或公司绩效的调节作用。尹翠芳、陈素蓉和周建（2014）研究发现，董事会的权力能显著降低公司在关键战略领域的资源配置模式偏离行业规范的程度，并且环境动态性的增加会削弱董事会对战略变革决策的影响。本书主要考虑两个重要的外部情境因素，行业环境和区域环境。目前关于外部情境因素和董事会治理之间关系的实证证据还非常少，并且现有文献大部分研究采用简单的 OLS 方法，将所有的企业放在同一层次进行分析，忽视了企业是嵌套于不同行业或地区之中的。

1. 产品市场竞争、董事会多元化与民营企业创新战略

产品市场竞争作为一种重要的外部治理机制，主要通过产品市场竞争的压力所产生的破产威胁对公司管理者（包括董事会和经理层）进行有效的激励和监督。产品市场竞争使公司面临着严峻的经营环境，管理者为了避免由于管理不善而被免职的风险，不得不为了提高公司竞争力而加大创新力度。所以，产品市场竞争是促进管理层进行创新的重要外部条件。然而，产品市场竞争程度不同对公司创新投入的影响程度不同。例如，孙海法、姚振华和严茂胜（2006）以我国纺织业和信息技术业上市公司为样本，实证结果表明，行业不同，高管团队的特征对公司绩效的影响也不同，信息技术行业面临比纺织业更激烈的竞争，从而使高管团队异质性的积极作用得到更好体现。何强和陈松（2011）以 2004～2007 年披露 R&D 投入的 623 个制造业上市公司为样本，运用多元线性回归方法，研究结果表明：董事会学历与制造业研发投入正相关，并且资本与知识密集型行业董事会学历及其分布对 R&D 投入的影响程度强于劳动密集型行业或其他地区的公司。产品竞争程度对创新有不同程度的影响，国内学者已开始探讨产品市场竞争对董事会治理与技术创新或公司绩效关系的调节作用（牛建波和李胜楠，2008；宋增基、李春红和卢溢洪，2009；李辉和张晓明，2012）。然而，产品市场竞争与董事会治理对公司技术创新究竟是替代还是互补还没有一致的结论。究其原因，主要是研究方法不恰当造成的，现有文献大部分研究采用简单的 OLS 方法，将所有的企业放在同一层次进行分析，忽视了企业是嵌套于不同行业之中的。李长娥和谢永珍（2016）运用多层线性模型验证了产品市场竞争、董事会异质性与公司创新投入的关系，实证结果表明，行业特征可以解释民营企业 R&D 支出 10.61% 的方差变动，说明跨层因素对民营企业 R&D 是一个非常重要且不容忽视的影响因素，并且职能背景异质性对民营企业 R&D 支出的影响随着行业竞争程度而变化。

产品市场竞争是公司进行技术创新投入的重要条件，产品市场竞争程度越强将会增强公司的破产压力，从而会降低组织松懈的程度，激励董事会加大创新力度。另外，竞争对董事会决策做出的速度有着更高的要求，董事会资源越丰富，进行技术创新的可能性越大。当面临的竞争程度较弱时，公司并没有太大的经营压力，董事会也就没有充分的积极性和动力对公司进行治理，创新行为较低。因此，本书认为，产品市场竞争程度对董事会多元化与民营企业创新战略具有正向的促进作用。

H14a：产品市场竞争程度调节董事会年龄多元化与民营企业创新战略的关系，行业竞争越激烈，董事会年龄多元化对民营企业创新战略的影响越大。

H14b：产品市场竞争程度调节董事会平均年龄与民营企业创新战略的关系，行业竞争越激烈，董事会平均年龄对民营企业创新战略的影响越大。

H14c：产品市场竞争程度调节董事会性别多元化与民营企业创新战略的关系，行业竞争越激烈，董事会性别多元化对民营企业创新战略的影响越大。

H14d：产品市场竞争程度调节董事会平均受教育水平与民营企业创新战略的关系，行业竞争越激烈，董事会平均受教育水平对民营企业创新战略的影响越大。

H14e：产品市场竞争程度调节董事会受教育水平多元化与民营企业创新战略的关系，行业竞争越激烈，董事会受教育水平多元化对民营企业创新战略的影响越大。

H14f：产品市场竞争程度调节董事会专业背景多元化与民营企业创新战略的关系，行业竞争越激烈，董事会专业背景多元化对民营企业创新战略的影响越大。

H14g：产品市场竞争程度调节董事会职能背景多元化与民营企业创新战略的关系，行业竞争越激烈，董事会职能背景多元化对民营企业创新战略的影响越大。

H14h：产品市场竞争程度调节董事会权力不平等与民营企业创新战略的关系，行业竞争越激烈，董事会权力不平等对民营企业创新战略的影响越大。

H14i：产品市场竞争程度调节董事会地位层级不平等与民营企

业创新战略的关系，行业竞争越激烈，董事会地位层级不平等对民营企业创新战略的影响越大。

2. 区域经济发展、董事会多元化与民营企业创新战略

董事会对公司创新战略的影响还取决于董事会利用董事多样性的知识、经验和价值的程度。也就是说，董事会不可能一致地利用其成员多样性的经验、知识和价值（Post and Byron，2015）。波斯特和拜伦（2015）运用元分析，研究发现，国家环境（股东保护程度和性别平等程度）调节着女性董事与公司绩效的关系。曾萍和邬绮虹（2012）针对女性参与高管团队对企业绩效的影响进行了文献梳理，明确提出，区域可能也是影响女性高管与企业绩效关系的重要调节变量。因为不同地区的经济发展水平、法律制度对女性的保护程度、社会传统、女性的社会地位等都存在很大的差异，或许正是这种差异导致了基于不同地区公司与企业绩效之间研究结果的高度分散甚至相互矛盾。李龙筠和刘晓川（2011）研究发现，公司所在地区的经济发展程度对中国创业板上市公司的创新能力有显著的积极影响。刘小元和李永壮（2012）也证实了区域创新环境显著正向影响着企业研发强度。李长娥和谢永珍（2016）采用跨层次分析方法，以 2011～2014 年我国上市公司的数据为样本，对区域经济发展水平、女性董事与公司技术创新的关系进行了实证研究。研究结果表明：女性董事对公司技术创新没有显著性影响，而区域经济发展水平正向调节董事性别多元化与公司创新投入的关系。

区域环境是影响企业战略决策的重要外部条件，具体到区域经济发展水平对董事会多元化和公司技术创新二者关系的影响时，可以从两个维度来理解。一是区域经济发展水平越高，企业面临的区域环境越完善、资源越丰富，公司创新的条件和资源越完备。例如，信息技术比较发达，能够促进知识、信息的生产、传播、反馈，进而提升区域内企业技术创新能力；拥有良好的制度环境，能引导和激励企业积极进行创新活动，使企业能充分、有效的利用区域内经济资源；拥有更多的高素质的人才，高素质人才是企业进行创新的最关键因素，是创新活动产生的直接实施者，直接决定创新活动的投入和产出（杨晓优，2005）。二是区域经济发展水平越高，个体拥有更多的机会接触到各种资源，如教育资源、经济参与、就业和政治参与等（Hausmann et al.，2012）。区域经济越发展，个体更有可能拥有董事会职位所需的人力资本，而且公司也可能更需要他们的独特的知识、经历和价值。在经济欠发达地区，思想比较保守，教育投资偏低，导致人力资本存量偏低成了不争的事实（冯皓和晏月平，2007），从而制约了个体对企业决策的参与程度，也不利于公司创新战略活动的开展。创新要素不是在所有地区均衡分布的，这种差异特质必然影响企业的创新战略决策（封伟毅、李建华和赵树宽，2012）。在经济发达的地区，企业能获得更多的资金支持、更优厚的政策支持等。由此，本书认为，区域经济越发达，董事会多元化对民营公司创新战略的影响越大。

H15a：区域经济发展水平调节董事会年龄多元化与民营企业创新战略的关系，区域经济越发达，董事会年龄多元化对民营企业创新战略的影响越大。

H15b：区域经济发展水平调节董事会平均年龄与民营企业创新战略的关系，区域经济越发达，董事会平均年龄对民营企业创新战略的影响越大。

H15c：区域经济发展水平调节董事会性别多元化与民营企业创新战略的关系，区域经济越发达，董事会性别多元化对民营企业创新战略的影响越大。

H15d：区域经济发展水平调节董事会平均受教育水平与民营企业创新战略的关系，区域经济越发达，董事会平均受教育水平对民营企业创新战略的影响越大。

H15e：区域经济发展水平调节董事会教育水平多元化与民营企业创新战略的关系，区域经济越发达，董事会教育水平多元化对民营企业创新战略的影响越大。

H15f：区域经济发展水平调节董事会专业背景多元化与民营企业创新战略的关系，区域经济越发达，董事会专业背景多元化对民营企业创新战略的影响越大。

H15g：区域经济发展水平调节董事会职能背景多元化与民营企业创新战略的关系，区域经济越发达，董事会职能背景多元化对民营企业创新战略的影响越大。

H15h：区域经济发展水平调节董事会权力不平等与民营企业创新战略的关系，区域经济越发达，董事会权力不平等对民营企业创新战略的影响越大。

H15i：区域经济发展水平调节董事会地位层级不平等与民营企业创新战略的关系，区域经济越发达，董事会地位层级不平等对民营企业创新战略的影响越大。

综上所述，本书的研究假设如图 4 - 1 所示：

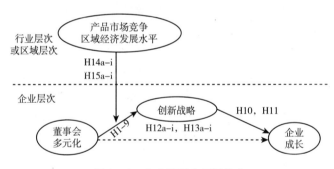

图 4 - 1　本书的研究假设分布

4.2　变量选取

4.2.1　被解释变量

本书将公司成长分为两类：一是企业短期成长；二是企业长期成长。短期成长通过公司销售收入增长率进行衡量，公司创新战略最直接的表现是通过增加市场份额来提高公司竞争力。因此，选择销售收入增长率（记为 GS）来衡量短期成长更加直观和更具相关性，体现企业"量"的成长。长期成长通过计算公司价值增长率（GQ）进行衡量，企业的价值是该企业预期自由现金流量以其加权平均资本成本为贴现率折现的现值，反映投资者对该企业未来盈利能力的预期，投资者的"预期"来源于对公司有形资产的评价和对无形资产（比如创新能力、社会声誉等）的感知，在文中用 TobinQ 来测量公司价值，体现企业"质"的成长。考虑到公司创新战略中介效应的滞后性，同时也为了避免内生性问题，将公司成长指标均滞后一期进行衡量。

4.2.2　解释变量

本书借鉴哈里森和克莱因（2007）的做法，将董事会多元化分为分离型、多样型和不平等型。不同类型多元化的数据特点不同，测量方式也不同。分离型多元化由于数据的对称性，往往通过标准差（standard deviation）或平均欧几里得距离（mean Euclidean distance）进行衡量；多样型多元化通过 Blau 指数或熵指数（entropy）进行测量；不平等多元化可以通过变异系数（coefficient of variation）或基尼系数（Gini coefficient）来测量。鉴于年龄和教育水平，取值不仅代表类别，还表示数值的高低水平，鉴于此，在本书中还包括了平均年龄和平均受教育水平变量。

1. 分离型多元化

（1）董事会年龄多元化（Sage）。用董事会成员年龄的标准差进行衡量，数值越大，表明董事会成员之间的年龄差异越大。

（2）董事会平均年龄（Aage）。选择董事会成员年龄的平均值进行衡量，记为 Aage。取值越小，表示董事会越年轻。

2. 多样型多元化

关于董事会多样型多元化，本书使用 Blau 指数来测量，Blau 指数 $= 1 - \sum P_i^2$，其中 P_i 是第 i 类董事会成员所占比例，Blau 指

数取值 $0 \sim \dfrac{k-1}{k}$（其中，k 为类别数量），取值越大，说明董事会成员的多元化程度越高。

（1）董事会性别多元化（Bgen）。董事会性别多元化被定义为：

$$董事会性别多元化 = 1 - \sum_{i=1}^{2} \left(\frac{gender_i}{董事会总人数} \right)^2$$

其中，$gender_i$ 为每一种性别的董事人数。

根据上述公式，董事会性别多元化取值为 $0 \sim 0.5$，当取值为 0 时，表示董事会全为男性或女性，当取值为 0.5 时，董事会中一半为女性一半为男性，多元化程度最高。

（2）董事会平均受教育水平（Aedu）。本书将董事会成员获得的最高教育水平分为 5 个层次：低于大专学历、大专、本科、硕士和博士，依次赋值为 1、2、3、4、5。用董事会成员获得的最高教育水平的平均数来衡量董事会平均受教育水平，记为 Aedu。

（3）董事会受教育水平多元化（Bedu）。依据上述划分的 5 个层次教育水平，董事会受教育水平多元化被定义为：

$$董事会受教育水平多元化 = 1 - \sum_{i=1}^{5} \left(\frac{edu_i}{董事会总人数} \right)^2$$

其中，edu_i 为每一个教育水平的董事人数。

（4）董事会专业背景多元化（Bmaj）。目前国内外关于董事会多元化的研究很少涉及董事会成员的专业知识，本书借鉴锡特朋潘尼奇和波西里（2013）、李长娥和谢永珍（2016）的做法，将所学专业分为六个类别：一是会计、金融、经济、管理类；二是法律；三是理工科；四是医学；五是以上分类中两个及以上兼有；六是其他。

$$董事会专业背景多元化 = 1 - \sum_{i=1}^{6} \left(\frac{major_i}{董事会总人数} \right)^2$$

其中，$major_i$ 为每一个专业类别的董事人数。

（5）董事会职能背景多元化（Bfun）。本书借鉴希尔曼、坎内拉和佩措尔德（2000）的做法，将董事的职能背景分成三类：业务专家型、支持专家型和社会影响型。业务专家是指在综合管理方面拥有重要知识和专业技能的董事，主要体现为现在或曾经在一些公司担任高级管理人员。支持专家是指法律专家（如律师）、金融专家（如银行家、风险投资家和投资银行家等）以及销售和营销专业人士。社会影响型包括政府官员、高校或研究机构的学者或其非营利组织中拥有权力和值得尊重的人。

$$董事会职能背景多元化 = 1 - \sum_{i=1}^{3} \left(\frac{function_i}{董事会总人数} \right)^2$$

其中，$function_i$ 为每一个职能类别的董事人数。

3. 不平等型多元化

不平等反映了团队成员之间的距离和资源的集中度，依据哈里森和克莱因（2007），通常用基尼系数或者变异系数进行衡量。当团队中所有成员资源均匀分布时，基尼系数和变异系数均为0，此时不存在层级结构；而随着基尼系数或者变异系数的增加，不平等程度越大。

（1）董事会权力层级不平等（Dpower）。目前，董事会权力主要借鉴芬克尔斯坦（Finkelstein，1992）提出的管理权力，采用结构权力、所有权权力、专家权力、声望权力四个维度来衡量，然而上述度量方法与权力的内涵不相吻合，不能更好地反映团队成员的高低排序，并且与地位层级相重叠。本书所指的权力是组织制度设计的结构权力，即董事会与CEO的关系。借鉴卫旭华、刘咏梅和岳柳青（2015）的做法，首先对样本公司的董事会成员的权力进行赋值，其中，既不是CEO也不是董事长的董事会成员记为1，是CEO或者董事长的董事会成员记为2，兼任CEO与董事长的董事会成员记为3；然后计算其变异系数。

（2）董事会地位层级不平等（Dstatus）。地位是个体或团体受他人尊敬、赞赏和高度评价的程度，量化地位层级结构的最理想方式是进行问卷调查，但因获得真实可靠的数据非常困难且成本高昂，对于大样本来说这种方法更是不可能的。目前，通常选择董事会成员的兼职数量代理衡量其受到来自其他董事的尊重（He and Huang，2011；谢永珍等，2015；张耀伟、陈世山和李维安，2015；曾江洪和肖涛，2015；武立东、江津和王凯，2016；李长娥和谢永珍，2017），然后用基尼系数来衡量董事会地位层级不平等程度。基尼系数的计算公式为：

$$G = \frac{2cov(y, r_y)}{N\,\bar{y}}$$

其中，G 代表地位层级的基尼系数；y 表示某个公司中每个董事所担任的高管职务数量；[①] r_y 是根据董事兼职数在公司内部的排序，兼职数最少的排序数定义为 1，兼职越多排序数取值越大，若兼职数相同，排序数则取相同值；$cov(y, r_y)$ 是 y 和 r_y 的协方差；N 表示该公司董事会规模；$\bar{y}$ 表示 y 的平均值。G 取值 0~1，取值越大，不平等程度越大。

4.2.3　中介变量

创新战略通常可用创新投入和创新产出两个方面进行衡量，由于创新活动的周期较长，并且不同创新战略的周期有很大差异，董事会多元化结构与创新产出不好匹配，并且合理的创新投入水平是有效降低技术创新风险、确保技术创新效益的关键。因此，本书选择创新投入进行衡量。创新投入反映了董事会对公司创新战略的资源分配决策，是衡量企业创新战略的一个良好的替代变量（Hoskisson et al.，2002；Miller and Triana，2009；周建和李小青，2012）。

---

　　① 参照何和黄（2011）的做法，考虑到董事兼职数量可能存在边际效应递减，我们对原始数据进行了对数转换。与何和黄（2011）不同的是，本书选择的是董事在上市公司高管职务的兼职数，而不仅仅是董事会的兼职，因为无论是高层管理团队、监事会还是董事会，都能代表个体的能力，并都能带来独特的信息和知识。

R&D 支出（记为 RD）是测度技术创新投入的常用指标，通常采用 R&D 支出与公司销售收入的比值来衡量（李长娥和谢永珍，2016），该指标反映了民营企业通过增加创新投入来创造新产品和新知识的程度。

4.2.4　调节变量

1. 产品市场竞争

目前学术界对于准确衡量产品市场竞争程度还没有一个公认的指标，产业组织理论中最常用的衡量产品市场竞争程度的指标有产业市场集中率、赫芬德尔指数（HHI 指数）、交叉价格弹性等。产业市场集中率是指产业中最大的 n 家厂商的市场份额占产业总额的比例，由于仅选取前 n 家企业，该指标并不能反映企业间的竞争互动。由于企业的定价资料很难获取，交叉价格弹性的使用也受到了限制。鉴于数据的可获得性和客观性，参照国内外相关研究的主流做法（Goyal and Park，2001；伊志宏、姜付秀和秦义虎，2010；徐虹、林钟高和芮晨，2015；Gu，2016），本书选择 HHI 指数来衡量产品市场竞争程度，记为 HHI。依照证监会发布的《上市公司行业分类指引（2012）》，根据门类和大类划分行业（即行业代码的前三位），根据 $HHI = \sum P_i^2$ 来计算（其中，p_i 是指行业内企业 i 的销售收入占行业总收入的比例），HHI 指数为逆指标，HHI 指数越小，说明产品市场竞争程度越大。

2. 区域经济发展水平

参照李长娥和谢永珍（2016）的做法，采用公司总部所在省份的 GDP 的自然对数来衡量，记为 GDP。

4.2.5　控制变量

借鉴以往相关的研究（李小青，2012；赵琳、谢永珍和张雅萌，2013；Sitthipongpanich and Polsiri，2013；邵毅平和王引晟，2015；李长娥和谢永珍，2016；李长娥和谢永珍，2017 等），本书选取董事会特征、公司特征和外部环境特征作为控制变量。董事会特征有独立董事比例、董事会薪酬激励、董事会会议次数；公司特征有公司规模、资产负债率、成立年限、前期公司业绩；外部环境主要控制年度因素、行业因素、地区因素。

1. 董事会特征

独立董事比例 Binde，以独立董事人数占董事会总人数的比例衡量；董事会薪酬激励 Bince，用前三名董事薪酬的自然对数进行衡量；董事会会议次数 Bmeet，用年度内召开的董事会会议次数表示。

2. 公司层面特征

公司规模 Csize，以公司期末资产总额的自然对数衡量；公司成立年限 Cage，即为报告期与公司成立年份之间的差额；股权集中度 Scent，用前三大股东持股比例之和表示；前期公司业绩 Proa，用上一年公司的 ROA 表示。

3. 外部环境特征

本书还控制地区差异、行业差异和时间因素对创新战略和民营企业成长的影响。年度，以 2011 年为基准，设置 Year12、Year13、Year14 三个虚拟变量控制年度的影响。行业，按照证监会发布的《上市公司行业分类指引（2012）》设置 Industry-C 和 Industry-H 两个虚拟变量控制行业因素的影响，当 Industry-C 取值为 1，表示制造业，取值为 0 表示非制造业；当 Industry-H 取值为 1，表示为高新技术企业，[①] 取值为 0 表示非高新技术企业。地区，参照王小鲁和樊纲（2004），本书分别设置东部（East）和中部（Middle）两个虚拟变量，当东部为 1 时，中部和西部地区赋值为 0，当中部为 1 时，东部和西部赋值为 0。

各变量的定义如表 4-1 所示。

---

① 借鉴王华和黄之骏（2006）、徐宁和徐向艺（2012）等对高新技术行业的界定，将电子业、医药生物制品业、信息技术业、化学纤维制造业、化学原料及化学制品制造业、仪器仪表及文化和办公用机械制造业等行业的企业为高新技术企业。

表 4 – 1　　　　　　　　　　　变量的选取与定义

变量类别	变量名称	变量简称	变量定义
被解释变量	短期成长	GS	t + 1 期销售收入增长率
	长期成长	GQ	t + 1 期 TobinQ 增长率
解释变量	董事会年龄多元化	Sage	董事会成员年龄的标准差
	董事会平均年龄	Aage	董事会成员的平均年龄
	董事会性别多元化	Bgen	$1 - \sum P_i^2$，其中 P_i 是第 i 类董事会成员所占比例
	董事会平均受教育水平	Aedu	董事会成员的平均受教育水平
	董事会受教育水平多元化	Bedu	$1 - \sum P_i^2$，其中 P_i 是第 i 类董事会成员所占比例
	董事会专业背景多元化	Bmaj	$1 - \sum P_i^2$，其中 P_i 是第 i 类董事会成员所占比例
	董事会职能背景多元化	Bfun	$1 - \sum P_i^2$，其中 P_i 是第 i 类董事会成员所占比例
	董事会权力层级不平等	Dpower	董事会成员权力的变异系数
	董事会地位层级不平等	Dstatus	董事会成员高管兼职数量的基尼系数
中介变量	创新战略	RD	R&D 支出与销售收入的比值
调节变量	产品市场竞争	HHI	根据门类和大类计算的 HHI 指数
	区域经济发展水平	GDP	公司总部所在省份的 GDP 的自然对数
控制变量	独立董事比例	Binde	独立董事人数与董事会规模的比值
	董事会薪酬激励	Bince	用前三名董事薪酬的自然对数
	董事会会议次数	Bmeet	年度内召开的董事会会议次数
	公司规模	Csize	公司资产总额的自然对数
	成立年限	Cage	报告期与公司成立年份之差
	股权集中度	Scent	前三名股东持股比例之和

变量类别	变量名称	变量简称	变量定义
控制变量	前期公司业绩	Proa	上一年公司的 ROA
	年度	Year	以 2011 年为基准，设置 Year12、Year13、Year14 三个虚拟变量
	地区	East	取值为 1，表示东部
		Middle	取值为 1，表示中部
	行业	Industry-C	取值为 1，表示制造业，取值为 0 表示非制造业
		Industry-H	取值为 1，表示为高新技术企业，取值为 0 表示非高新技术企业

4.3　样本选择与数据来源

本书以我国 2011~2015 年沪深两市的民营上市公司为初始样本，在经济"新常态"下，民营上市公司作为国民经济发展的主力军，将面临更大的市场竞争。借鉴国内研究的通行做法，对样本做如下调整：剔除财务数据异常的 ST 和资产负债率大于 100% 的公司，剔除数据资料不全的公司，剔除了金融保险业，最后筛选得到 562 个有效的样本点。

为了保证数据的客观性和可比性，R&D 支出通过手工搜集样本公司资产负债表附注中"开发支出"项目的本年增加额所得。董事会年龄多元化、平均年龄、平均受教育水平、受教育水平多元化、权力不平等程度、性别多元化等数据均根据国泰安数据库基础数据计算得到。由于数据库中董事个人特征数据缺失严重，董事会专业知识背景和职能背景均通过国泰安人物简历、wind 人物库、百度搜索和公司年报等手工搜集整理所得。关于董事兼职数量的数据，首先通过国泰安数据库根据董事的姓名、年龄和性别进行匹配，再根据备注信息进行核对，最后进行统计董事兼职上市公司的数量。

4.4　理论模型与研究方法

4.4.1　董事会多元化对民营企业创新战略影响的理论模型

依据本书相关假设，董事会多元化结构与民营上市公司创新战略呈现线性关系，故建立以下模型：

$$
\begin{aligned}
RD = {} & a_0 + a_1\mathrm{Sage} + a_2\mathrm{Aage} + a_3\mathrm{Bgen} + a_4\mathrm{Aedu} \\
& + a_5\mathrm{Bedu} + a_6\mathrm{Bmaj} + a_7\mathrm{Bfun} + a_8\mathrm{Dpower} \quad (4-1) \\
& + a_9\mathrm{Dstatus} + \sum_{j=1}^{k} \rho_j \mathrm{Controls}_j + \varepsilon
\end{aligned}
$$

4.4.2　创新战略对民营企业成长影响的理论模型

依据假设 10，创新投入与民营上市公司的短期成长呈现先下降后上升的关系，即 U 型关系。用 RD 表示创新投入，GS 表示民营上市公司短期成长，Controls 表示控制变量，建立模型（4-2）。模型中加入 RD 的一次项和二次项，用来验证创新投入与短期成长的 U 型关系。

$$
GS = b_0 + b_1 RD + b_2 RD^2 + f(X) + \sum_{j=1}^{k} \lambda_j \mathrm{Controls}_j + \varepsilon
$$

$$(4-2)$$

依据假设 11，创新投入与民营上市公司的长期成长呈现正相关关系。用 *RD* 表示创新投入，*GQ* 表示民营上市公司长期成长，*Controls* 表示控制变量，建立模型 4-3。

$$GQ = c_0 + c_1 RD + f(X) + \sum_{j=1}^{k} \eta_j \, Controls_j + \varepsilon \qquad (4-3)$$

4.4.3　创新战略中介效应的理论模型

1. 创新战略对董事会多元化与短期成长的非线性中介效应

基于假设 12，创新战略在董事会多元化与民营上市公司短期成长之间的中介作用显现的非线性特征，本书参照赵琳和谢永珍（2013）的做法，采用海斯和普瑞奇（2010）提出的非线性中介检验方法对上述假设进行检验。该方法采用 SPSS 宏文件 MEDCURVE 通过瞬间间接效应（instantaneous indirect effect，记为 θ）来进行检验，其值为中介变量 M 对解释变量 X 的偏导数与被解释变量 Y 对中介变量 M 偏导数的乘积；设置样本较低（均值减一个标准差）、适中（样本均值）和较高（样本均值加一个标准差）三个水平，在每个水平值上均计算 θ，通过执行 Bootstrp 获取置信区间，若在低置信区间和高置信区间之间不包括 0，则意味着中介变量 M 对 X 与 Y 的中介作用显著；反之，则中介效应不显著。本书运用 SPSS 21.0 加载宏 MEDCURVE 对假设进行检验。

基于公式（4-1）和公式（4-2），X（董事会多元化）通过 M（创新投入 RD）对 Y（短期成长 QS）的瞬间间接效应为：

$$
\begin{aligned}
\theta &= \frac{\partial M}{\partial X} \frac{\partial Y}{\partial M} \\
&= a_i(b_1 + 2b_2 M) \\
&\quad a_i b_1 + 2a_i b_2 \Big(a_0 + \sum a_i X_i + \sum r_j Controls_j + \varepsilon \Big)
\end{aligned} \qquad (4-4)
$$

2. 创新战略对董事会多元化与长期成长的线性中介效应

基于假设 13，创新战略在董事会多元化与民营上市公司长期成长之间起着线性中介的作用，检验中介效应最流行的方法是巴伦和肯尼（1986）的逐步法。下面用回归方程来描述变量之间的关系：

$$Y = cX + e_1 \qquad\qquad (4-5)$$
$$M = aX + e_2 \qquad\qquad (4-6)$$
$$Y = c'X + bM + e_3 \qquad\qquad (4-7)$$

其中，c 为解释变量 X 对被解释变量 Y 的总效应，a 为 X 对中介变量 M 的效应；系数 b 是在控制了 X 的影响后，M 对 Y 的效应；系数 c' 是在控制了 M 的影响后 X 对 Y 的直接效应；$e_1 \sim e_3$ 是回归残差。对于这样的中介模型，中介效应等于系数乘积 ab，它与总效应和直接效应有 $c = ab + c'$ 的关系。

巴伦和肯尼（1986）的逐步法，首先检验公式（4-5）的系数 c；然后依次检验系数 a 和系数 b，如果系数 c 显著，系数 a 和 b 都显著，则中介效应显著。在此基础上若系数 c' 不显著，则为完全中介。然而，巴伦和肯尼（1986）的逐步法的每一步，都有人提出了批评和质疑（Zhao et al.，2010；温忠麟和叶宝娟，2014）。针对逐步法的缺陷，温忠麟和叶宝娟（2014）提出了检验中介效应的新流程。

（1）检验公式（4-5）的系数 c，如果显著，按中介效应立论，否则按遮掩效应立论。但无论是否显著，都进行后续检验。

（2）依次检验公式（4-6）的系数 a 和公式（4-7）的系数 b，如果两个都显著，则间接效应显著，转到（4）；如果至少有一个不显著，进行（3）。

（3）用 Bootstrap 法直接检验 $H_0 : ab = 0$。如果显著，则间接效应显著，进行（4）；否则间接效应不显著，停止分析。

（4）检验公式（4-7）的系数 c'，如果不显著，即直接效应不显著，说明只有中介效应。如果显著，即直接效应显著，进行（5）。

（5）比较 ab 和 c' 的符号，如果同号，属于部分中介效应，报告中介效应占总效应的比例 ab/c。如果异号，属于遮掩效应，报告间接效应与直接效应的比例的绝对值 $|ab/c'|$。

本书运用 SPSS 层级回归运行（1）和（2），第（3）步运用宏文件 PROCESS 执行 Bootstrap 获取置信区间。若在低置信区间

（BootLLCI）和高置信区间（BootULCI）之间不包括 0，则意味着 X 对 Y 的间接效应显著；反之，若低置信区间（BootLLCI）和高置信区间包含 0，则间接效应不显著。

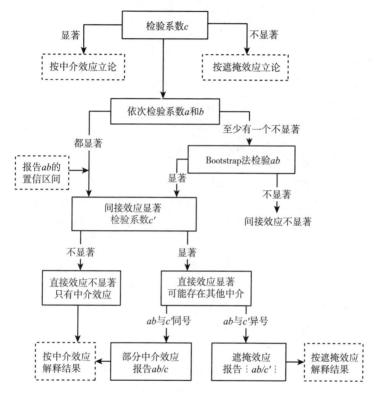

图 4-2　中介效应检验流程

资料来源：温忠麟和叶宝娟（2014）的文献。

4.4.4　情境因素跨层调节效应的理论模型

本书创建了包含企业层和行业层（或区域层）的两层模型，本书的样本企业嵌套于各自行业（或区域）之中，企业隶属于不同行业（或区域），每个行业（或区域）内部的企业之间存在较强的同质性，即组内相关，而每个行业（或区域）之间存在明显差异，即组间异质性，而传统的 OLS 假定企业之间完全独立，这与现实不符，可能导致统计结果存在偏差。因此，本书采用多层线性模型分析软件 HLM6.02 对数据进行分析，层 1 反映企业特征，层 2 反映行业（或区域）特征。

多层线性模型的第一个步骤是构建不包括任何预测变量的零模型，其结果可以说明在总变异中，组间及组内变异的贡献程度，并以此确定能否采用分层分析方法。本书构建空模型如下所示：

$$
\begin{aligned}
&第一层：RD_{ij} = \beta_{0j} + r_{ij} \\
&第二层：\beta_{0j} = \gamma_{00} + \mu_{oj} \\
&混合模型：RD_{ij} = \gamma_{00} + \mu_{oj} + r_{ij}
\end{aligned}
\qquad (4-8)
$$

公式（4-8）中，i 表示企业，j 表示行业（或区域）类型，RD_{ij} 表示从属于第 j 个行业（或区域）类型中的第 i 个企业 R&D 支出；β_{oj} 表示第 j 个行业（或区域）类型企业的平均 R&D 支出；γ_{oo} 表示全部企业平均 R&D 支出；r_{ij} 表示企业层的随机误差项，μ_{oj} 表示行业（或区域）层的随机误差项。当空模型运行结果显示 μ_{oj} 的方差统计量显著时，说明本书数据适合分层模型，若不显著则需运用传统 OLS 模型。并计算跨级相关（intra-class correlation，ICC），以判断第二层预测变量对 Y 总体变异的解释度，跨级相关一般为 $0.050 \sim 0.200$。

然后，在零模型的基础上依次添加层-1 预测变量和层-2 预测变量，构建完整模型。以产品市场竞争为例，构建模型如下：

$$
\begin{aligned}
第一层：RD_{ij} = {} & \beta_{0j} + \beta_{1j} \times \text{Sage} + \beta_{2j} \times \text{Aage} + \beta_{3j} \times \text{Bgen} \\
& + \beta_{4j} \times \text{Aedu} + \beta_{5j} \times \text{Bedu} + \beta_{6j} \times \text{Bmaj} \\
& + \beta_{7j} \times \text{Bfun} + \beta_{8j} \times \text{Dpower} \\
& + \beta_{9j} \times \text{Dstatus} + \sum \beta_{ij} \text{Controls} \\
& + \gamma_{ij}
\end{aligned}
$$

第二层：$\beta_{0j} = \gamma_{00} + \gamma_{01} \times HHI + \mu_{oj}$

$$\beta_{1j} = \gamma_{10} + \gamma_{11} \times HHI + \mu_{1j}$$

$$\beta_{2j} = \gamma_{20} + \gamma_{21} \times HHI + \mu_{2j}$$

$$\beta_{3j} = \gamma_{30} + \gamma_{31} \times HHI + \mu_{3j}$$

$$\cdots$$

$$\beta_{9j} = \gamma_{90} + \gamma_{91} \times HHI + \mu_{9j}$$

$$\beta_{ij} = \gamma_{i0} + \mu_{ij}$$

混合模型：$RD_{ij} = \gamma_{00} + \gamma_{01} \times HHI + \gamma_{10} \times Sage + \gamma_{20} \times Aage$

$$+ \gamma_{30} \times Bgen + \gamma_{40} \times Aedu \ \gamma_{50} \times Bedu$$

$$+ \gamma_{60} \times Bmaj + \gamma_{70} \times Bfun + \gamma_{80} \times Dpower$$

$$+ \gamma_{90} \times Dstatus + \gamma_{11} \times HHI \times Sage$$

$$+ \gamma_{21} \times HHI \times Aage + \gamma_{31} \times HHI \times Bgen$$

$$+ \gamma_{41} \times HHI \times Aedu + \gamma_{51} \times HHI \times Bedu$$

$$+ \gamma_{61} \times HHI \times Bmaj + \gamma_{71} \times HHI \times Bfun$$

$$+ \gamma_{81} \times HHI \times Dpower + \gamma_{91} \times HHI \times Dstatus$$

$$+ \sum \gamma_{i0} \times controls + r_{ij}$$

$$(4-9)$$

本书采用的估计方法为完全最大似然法（full maximum likelihood），第一层预测变量选择组内中心化（group centered）方法，第二层预测变量选择组间中心化（grand centered）方法。

4.5　本章小结

本章依据董事会多元化、创新战略与民营企业成长的作用机理，突破传统"结构—绩效"的研究范式，建立董事会多元化结构—创新战略—企业成长的理论框架，并在此基础上，考虑了外部情境因素——产品市场竞争环境和区域环境的调节效应。本书提出以下假设，在董事会多元化与创新战略方面，董事会年龄多元化、性别多元化、平均受教育水平、受教育水平多元化、专业背景多元化、职能背景多元化、权力层级不平等和地位层级不平等均与民营企业创新战略呈正相关关系，董事会平均年龄与民营企业创新战略呈负相关关系。本书认为创新战略对民营企业的短期和长期成长的影响是不同的，创新战略对民营企业的短期成长呈 U 型关系，而创新战略对民营企业的长期成长呈正相关关系，进一步地，创新战略在董事会多元化与民营企业短期成长之间起到非线性中介作用，创新战略在董事会多元化与民营企业长期成长之间起到线性中介作用，分别运用 SPSS 宏文件 MEDCURVE 和 PROCESS 进行检验。产品市场竞争程度和区域经济发展水平作为重要的情境因素，影响着董事会多元化与民营企业创新投入之间的关系，由于数据存在嵌套关系，本书运用多层线性模型分析软件 HLM6.02 对数据进行分析。

第5章 董事会多元化、创新战略对民营企业成长影响的实证检验与结果分析

5.1 主要变量描述性统计与方差分析

表5-1~表5-4显示，民营上市公司董事会多元化结构、创新战略、公司成长和主要控制变量呈现出以下特点。

表5-1 主要变量的描述性统计与年度比较

指标	年度	N	均值	标准差	极小值	极大值	方差分析
年龄多元化	2011	147	8.42	2.85	2.19	15.25	0.089
	2012	145	8.33	2.69	2.37	14.68	
	2013	151	8.10	2.91	1.89	15.21	
	2014	119	7.59	2.90	2.12	14.05	
	总数	562	8.13	2.85	1.89	15.25	
平均年龄	2011	147	48.84	3.69	41.00	61.75	0.001
	2012	145	49.56	3.39	42.29	61.56	
	2013	151	50.33	3.46	43.29	60.89	
	2014	119	50.16	3.30	43.00	60.40	
	总数	562	49.71	3.51	41.00	61.75	

指标	年度	N	均值	标准差	极小值	极大值	方差分析
性别多元化	2011	147	0.21	0.16	0.00	0.49	0.910
	2012	145	0.20	0.15	0.00	0.49	
	2013	151	0.20	0.15	0.00	0.49	
	2014	119	0.20	0.16	0.00	0.50	
	总数	562	0.21	0.16	0.00	0.50	
平均受教育水平	2011	147	3.60	0.44	2.40	4.56	0.007
	2012	145	3.71	0.41	2.56	4.78	
	2013	151	3.74	0.38	2.78	4.78	
	2014	119	3.74	0.40	2.78	4.67	
	总数	562	3.70	0.41	2.40	4.78	
受教育水平多元化	2011	147	0.60	0.11	0.00	0.79	0.301
	2012	145	0.59	0.11	0.00	0.77	
	2013	151	0.57	0.12	0.00	0.77	
	2014	119	0.58	0.12	0.00	0.77	
	总数	562	0.59	0.11	0.00	0.79	
专业背景多元化	2011	147	0.57	0.13	0.00	0.78	0.151
	2012	145	0.55	0.13	0.00	0.77	
	2013	151	0.56	0.14	0.00	0.81	
	2014	119	0.58	0.12	0.22	0.82	
	总数	562	0.57	0.13	0.00	0.82	
职能背景多元化	2011	147	0.47	0.10	0.00	0.67	0.408
	2012	145	0.47	0.10	0.00	0.67	
	2013	151	0.46	0.11	0.00	0.67	
	2014	119	0.45	0.10	0.20	0.61	
	总数	562	0.46	0.11	0.00	0.67	

续表

指标	年度	N	均值	标准差	极小值	极大值	方差分析
权力层级 不平等	2011	147	0.45	0.11	0.30	0.64	0.542
	2012	145	0.44	0.10	0.29	0.64	
	2013	151	0.45	0.11	0.30	0.64	
	2014	119	0.44	0.10	0.30	0.64	
	总数	562	0.45	0.11	0.29	0.64	
地位层级 不平等	2011	147	0.11	0.07	0.00	0.34	0.003
	2012	145	0.08	0.07	0.00	0.31	
	2013	151	0.08	0.07	0.00	0.42	
	2014	119	0.09	0.07	0.00	0.31	
	总数	562	0.09	0.07	0.00	0.42	
RD占收入	2011	147	4.37	8.18	0.00	89.16	0.648
	2012	145	4.83	7.02	0.00	66.60	
	2013	151	4.74	5.73	0.00	39.70	
	2014	119	3.89	4.75	0.01	27.59	
	总数	562	4.49	6.61	0.00	89.16	
销售收入增 长率 $t+1$	2011	147	19.26	33.91	−33.96	215.75	0.180
	2012	145	21.84	29.27	−50.98	131.50	
	2013	151	25.54	57.17	−53.97	580.17	
	2014	119	30.27	45.22	−36.01	266.69	
	总数	562	23.94	42.89	−53.97	580.17	
TobinQ 增 长率 $t+1$	2011	147	−10.64	20.07	−63.05	67.39	0.000
	2012	145	36.82	53.05	−56.52	294.51	
	2013	151	19.66	42.35	−57.37	229.22	
	2014	119	45.65	62.07	−100.00	251.62	
	总数	562	21.67	50.72	−100.00	294.51	

指标	年度	N	均值	标准差	极小值	极大值	方差分析
独立董事比例	2011	147	37.61	5.07	33.33	57.14	0.658
	2012	145	37.85	5.26	25.00	57.14	
	2013	151	38.23	5.76	33.33	60.00	
	2014	119	38.33	5.27	33.33	60.00	
	总数	562	37.99	5.35	25.00	60.00	
董事会薪酬激励	2011	147	13.83	0.67	11.39	15.55	0.000
	2012	145	14.03	0.58	12.58	15.78	
	2013	151	14.10	0.55	12.36	16.28	
	2014	119	14.24	0.58	12.46	16.00	
	总数	562	14.04	0.61	11.39	16.28	
董事会会议次数	2011	147	9.78	3.01	3.00	21.00	0.055
	2012	145	9.43	2.89	4.00	19.00	
	2013	151	9.38	3.37	3.00	24.00	
	2014	119	10.37	3.78	4.00	22.00	
	总数	562	9.71	3.27	3.00	24.00	
公司规模	2011	147	21.05	0.84	19.38	24.81	0.000
	2012	145	21.18	0.85	19.54	24.89	
	2013	151	21.31	0.88	19.39	24.88	
	2014	119	21.54	0.91	20.03	25.39	
	总数	562	21.25	0.88	19.38	25.39	
股权集中度	2011	147	51.69	14.99	15.86	87.88	0.008
	2012	145	51.37	14.38	17.64	82.89	
	2013	151	47.69	13.64	17.45	87.22	
	2014	119	47.09	13.15	15.35	79.08	
	总数	562	49.56	14.21	15.35	87.88	

表 5 - 2　　　　　　　　主要变量的描述性统计与地区比较

指标	地区	N	均值	标准差	极小值	极大值	方差分析
年龄多元化	东部	414	8.16	2.83	1.89	15.25	0.660
	中部	71	7.86	2.90	2.28	14.19	
	西部	77	8.25	2.88	2.43	14.39	
	总数	562	8.13	2.85	1.89	15.25	
平均年龄	东部	414	49.61	3.63	41.60	61.75	0.368
	中部	71	50.24	3.04	44.00	57.71	
	西部	77	49.75	3.23	41.00	57.56	
	总数	562	49.71	3.51	41.00	61.75	
性别多元化	东部	414	0.21	0.15	0.00	0.49	0.013
	中部	71	0.16	0.18	0.00	0.49	
	西部	77	0.23	0.16	0.00	0.50	
	总数	562	0.21	0.16	0.00	0.50	
平均受教育水平	东部	414	3.71	0.41	2.40	4.78	0.004
	中部	71	3.76	0.40	2.89	4.44	
	西部	77	3.56	0.41	2.56	4.43	
	总数	562	3.70	0.41	2.40	4.78	
受教育水平多元化	东部	414	0.58	0.12	0.00	0.79	0.303
	中部	71	0.61	0.09	0.37	0.78	
	西部	77	0.58	0.11	0.24	0.77	
	总数	562	0.59	0.11	0.00	0.79	
专业背景多元化	东部	414	0.56	0.12	0.20	0.82	0.104
	中部	71	0.55	0.13	0.24	0.74	
	西部	77	0.59	0.15	0.00	0.74	
	总数	562	0.57	0.13	0.00	0.82	

续表

指标	地区	N	均值	标准差	极小值	极大值	方差分析
职能背景多元化	东部	414	0.46	0.10	0.15	0.67	0.528
	中部	71	0.47	0.09	0.20	0.64	
	西部	77	0.47	0.14	0.00	0.65	
	总数	562	0.46	0.11	0.00	0.67	
权力层级不平等	东部	414	0.46	0.11	0.29	0.64	0.004
	中部	71	0.42	0.10	0.30	0.64	
	西部	77	0.42	0.10	0.30	0.61	
	总数	562	0.45	0.11	0.29	0.64	
地位层级不平等	东部	414	0.09	0.07	0.00	0.42	0.227
	中部	71	0.09	0.05	0.00	0.19	
	西部	77	0.08	0.06	0.00	0.28	
	总数	562	0.09	0.07	0.00	0.42	
RD 占收入	东部	414	4.48	7.07	0.00	89.16	0.949
	中部	71	4.70	4.29	0.00	24.55	
	西部	77	4.35	5.82	0.00	27.59	
	总数	562	4.49	6.61	0.00	89.16	
销售收入增长率 t+1	东部	414	25.04	45.33	−53.97	580.17	0.594
	中部	71	20.31	26.57	−50.98	92.48	
	西部	77	21.43	41.64	−38.06	266.69	
	总数	562	23.94	42.89	−53.97	580.17	
TobinQ 增长率 t+1	东部	414	22.75	52.82	−100.00	294.51	0.670
	中部	71	19.86	46.89	−100.00	171.77	
	西部	77	17.49	42.14	−100.00	177.26	
	总数	562	21.67	50.72	−100.00	294.51	

续表

指标	地区	N	均值	标准差	极小值	极大值	方差分析
独立董事比例	东部	414	38.14	5.51	25.00	60.00	0.034
	中部	71	36.50	4.42	33.33	50.00	
	西部	77	38.58	5.05	33.33	50.00	
	总数	562	37.99	5.35	25.00	60.00	
董事会薪酬激励	东部	414	14.10	0.59	11.39	16.28	0.001
	中部	71	13.86	0.68	12.54	15.55	
	西部	77	13.89	0.61	12.25	15.15	
	总数	562	14.04	0.61	11.39	16.28	
董事会会议次数	东部	414	9.70	3.19	3.00	24.00	0.989
	中部	71	9.76	3.69	4.00	21.00	
	西部	77	9.70	3.33	4.00	18.00	
	总数	562	9.71	3.27	3.00	24.00	
公司规模	东部	414	21.27	0.90	19.38	25.39	0.130
	中部	71	21.37	0.80	19.81	23.56	
	西部	77	21.09	0.88	19.75	23.78	
	总数	562	21.25	0.88	19.38	25.39	
股权集中度	东部	414	49.40	13.16	15.35	87.22	0.622
	中部	71	48.96	16.33	17.64	83.66	
	西部	77	50.98	17.33	15.86	87.88	
	总数	562	49.56	14.21	15.35	87.88	

表5-3　　　　　主要变量的描述性统计与行业比较（一）

指标	行业	N	均值	标准差	极小值	极大值	方差分析
年龄多元化	非高新	235	8.27	3.03	1.89	15.25	0.325
	高新	327	8.03	2.71	2.12	15.21	
	总数	562	8.13	2.85	1.89	15.25	

指标	行业	N	均值	标准差	极小值	极大值	方差分析
平均年龄	非高新	235	50.40	3.65	41.60	61.75	0.000
	高新	327	49.21	3.33	41.00	60.40	
	总数	562	49.71	3.51	41.00	61.75	
性别多元化	非高新	235	0.21	0.15	0.00	0.49	0.642
	高新	327	0.20	0.16	0.00	0.50	
	总数	562	0.21	0.16	0.00	0.50	
平均受教育水平	非高新	235	3.61	0.44	2.40	4.57	0.000
	高新	327	3.75	0.38	2.56	4.78	
	总数	562	3.70	0.41	2.40	4.78	
受教育水平多元化	非高新	235	0.61	0.08	0.41	0.79	0.000
	高新	327	0.57	0.13	0.00	0.78	
	总数	562	0.59	0.11	0.00	0.79	
专业背景多元化	非高新	235	0.59	0.12	0.22	0.82	0.000
	高新	327	0.54	0.13	0.00	0.81	
	总数	562	0.57	0.13	0.00	0.82	
职能背景多元化	非高新	235	0.47	0.08	0.20	0.67	0.049
	高新	327	0.45	0.12	0.00	0.67	
	总数	562	0.46	0.11	0.00	0.67	
权力层级不平等	非高新	235	0.45	0.10	0.30	0.64	0.617
	高新	327	0.45	0.11	0.29	0.64	
	总数	562	0.45	0.11	0.29	0.64	
地位层级不平等	非高新	235	0.10	0.07	0.00	0.42	0.109
	高新	327	0.09	0.07	0.00	0.31	
	总数	562	0.09	0.07	0.00	0.42	
RD 占收入	非高新	235	2.92	3.47	0.00	19.65	0.000
	高新	327	5.62	7.97	0.01	89.16	
	总数	562	4.49	6.61	0.00	89.16	

续表

指标	行业	N	均值	标准差	极小值	极大值	方差分析
销售收入增长率t+1	非高新	235	17.05	37.87	-53.97	266.69	0.001
	高新	327	28.90	45.57	-34.30	580.17	
	总数	562	23.94	42.89	-53.97	580.17	
TobinQ 增长率t+1	非高新	235	15.15	47.60	-100.00	294.51	0.010
	高新	327	26.35	52.43	-100.00	251.66	
	总数	562	21.67	50.72	-100.00	294.51	
独立董事比例	非高新	235	37.64	5.37	25.00	57.14	0.183
	高新	327	38.25	5.32	33.33	60.00	
	总数	562	37.99	5.35	25.00	60.00	
董事会薪酬激励	非高新	235	13.99	0.64	12.14	15.89	0.076
	高新	327	14.08	0.59	11.39	16.28	
	总数	562	14.04	0.61	11.39	16.28	
董事会会议次数	非高新	235	9.65	3.15	3.00	21.00	0.734
	高新	327	9.75	3.35	3.00	24.00	
	总数	562	9.71	3.27	3.00	24.00	
公司规模	非高新	235	21.38	0.97	19.38	25.27	0.004
	高新	327	21.16	0.80	19.39	25.39	
	总数	562	21.25	0.88	19.38	25.39	
股权集中度	非高新	235	49.73	14.06	15.86	83.66	0.816
	高新	327	49.44	14.33	15.35	87.88	
	总数	562	49.56	14.21	15.35	87.88	

表 5-4　　　　主要变量的描述性统计与行业比较（二）

指标	行业	N	均值	标准差	极小值	极大值	方差分析
年龄多元化	非制造业	182	8.19	2.90	2.12	15.21	0.746
	制造业	380	8.11	2.82	1.89	15.25	
	总数	562	8.13	2.85	1.89	15.25	

指标	行业	N	均值	标准差	极小值	极大值	方差分析
平均年龄	非制造业	182	49.56	3.38	42.29	61.56	0.508
	制造业	380	49.77	3.57	41.00	61.75	
	总数	562	49.71	3.51	41.00	61.75	
性别多元化	非制造业	182	0.17	0.15	0.00	0.49	0.000
	制造业	380	0.22	0.16	0.00	0.50	
	总数	562	0.21	0.16	0.00	0.50	
平均受教育水平	非制造业	182	3.79	0.35	2.44	4.78	0.000
	制造业	380	3.65	0.43	2.40	4.67	
	总数	562	3.70	0.41	2.40	4.78	
受教育水平多元化	非制造业	182	0.55	0.14	0.00	0.78	0.000
	制造业	380	0.60	0.10	0.24	0.79	
	总数	562	0.59	0.11	0.00	0.79	
专业背景多元化	非制造业	182	0.54	0.12	0.20	0.78	0.000
	制造业	380	0.58	0.13	0.00	0.82	
	总数	562	0.57	0.13	0.00	0.82	
职能背景多元化	非制造业	182	0.44	0.10	0.15	0.67	0.000
	制造业	380	0.47	0.10	0.00	0.67	
	总数	562	0.46	0.11	0.00	0.67	
权力层级不平等	非制造业	182	0.45	0.11	0.30	0.64	0.278
	制造业	380	0.44	0.11	0.29	0.64	
	总数	562	0.45	0.11	0.29	0.64	
地位层级不平等	非制造业	182	0.09	0.06	0.00	0.31	0.731
	制造业	380	0.09	0.07	0.00	0.42	
	总数	562	0.09	0.07	0.00	0.42	
RD占收入之比	非制造业	182	6.27	9.99	0.00	89.16	0.000
	制造业	380	3.64	3.84	0.00	25.73	
	总数	562	4.49	6.61	0.00	89.16	

续表

指标	行业	N	均值	标准差	极小值	极大值	方差分析
销售收入增长率 t+1	非制造业	182	33.05	42.37	-53.97	266.69	
	制造业	380	19.58	42.50	-50.98	580.17	0.000
	总数	562	23.94	42.89	-53.97	580.17	
TobinQ 增长率 t+1	非制造业	182	28.76	60.50	-100.00	294.51	
	制造业	380	18.27	44.99	-100.00	229.22	0.022
	总数	562	21.67	50.72	-100.00	294.51	
独立董事比例	非制造业	182	38.43	5.83	33.33	60.00	
	制造业	380	37.79	5.09	25.00	57.14	0.185
	总数	562	37.99	5.35	25.00	60.00	
董事会薪酬激励	非制造业	182	14.11	0.53	12.46	15.45	
	制造业	380	14.01	0.65	11.39	16.28	0.081
	总数	562	14.04	0.61	11.39	16.28	
董事会会议次数	非制造业	182	10.41	3.54	4.00	24.00	
	制造业	380	9.37	3.08	3.00	21.00	0.000
	总数	562	9.71	3.27	3.00	24.00	
公司规模	非制造业	182	21.20	0.80	19.49	24.81	
	制造业	380	21.28	0.92	19.38	25.39	0.319
	总数	562	21.25	0.88	19.38	25.39	
股权集中度	非制造业	182	45.48	13.46	15.35	78.34	
	制造业	380	51.52	14.16	15.86	87.88	0.000
	总数	562	49.56	14.21	15.35	87.88	

年龄特征方面，2011~2014年民营上市公司董事会平均年龄逐渐增加，年龄多元化程度显著降低，相较于非高新技术行业的上市公司，高新行业的民营上市公司董事会更加年轻化。民营上市公司董事会平均50岁，最年轻的董事为41岁，最年长的董事62岁，标准差为3.5，在样本年度内平均年龄逐渐增加（分别为48.84、

49.56、50.33、50.16)，且各年平均年龄差异显著（$p = 0.001$）；各年年龄多元化程度逐步降低，各年年龄多元化指数分别为8.42、8.33、8.10和7.59，且差异显著（$p = 0.089$），说明随着中国经济进入新常态，市场竞争加剧，民营企业在董事选择上年龄越发集中，更倾向于中年董事，需要他们丰富的经验和网络资源，从而降低企业面临的风险。不同地区之间民营上市公司董事会平均年龄和年龄多元化没有显著差异。四年间高新和非高新民营上市公司年龄多元化均值分别为8.27和8.03，没有显著差异，平均年龄分别为50.40和49.21，说明相较于非高新技术行业，高新行业的民营上市公司董事会更加年轻化，在这类行业中的上市公司对创新活动的要求更高，决策更加复杂，所以，在董事的选聘上更加需要创新意识强和敢于冒险的年轻董事。

性别特征方面，2011~2014年度民营上市公司董事会性别多元化保持稳定，并存在地区差异和行业差异。各年民营企业性别多元化平均为0.21，均值差异不显著（$p = 0.910$），四年中性别多元化指数最小值均为0，说明仍存在部分公司没有选聘女性董事，目前在民营上市公司董事会中男性董事仍占有绝对优势，性别多元化的优势不能很好地发挥。不同地区之间董事会性别多元化呈现显著差异，西部性别多元化程度最高为0.23，东部次之，平均为0.21，中部地区最低，为0.16，这意味着西部更注重女性董事的加盟。相较于非制造业行业的上市公司，制造业民营上市公司中女性董事比例较高，可能是由于目前女性对家庭购买的决策产生很大的影响和控制，她们更接近于市场，更了解消费者的需求，因此，制造业的产品更需要女性董事提供更加准确的方向。

在样本年度内民营上市公司平均受教育水平呈现逐年显著递增的趋势，受教育水平多元化保持稳定，平均受教育水平存在地区差异和行业差异，受教育水平多元化存在行业差异。2011~2014年度民营上市公司的董事会平均受教育水平为3.70，各年均值分别为3.60、3.71、3.74和3.74，呈现逐年显著递增的趋势（$p = 0.007$），说明民营上市公司董事会学历层次平均处于本科以上，[①] 硕士居多，这与近几年国内大力推进工商管理硕士（MBA）的教育有关，然而受教育水平多元化没有显著差异（$p = 0.301$）。民营上市公司董事会的平均受教育水平地区差异显著，经济发达的东部和中部平均受教育水平分别为 3.71 和 3.76，显著高于西部（均值为 3.56），经济发达的地区居民受教育水平相对较高，并且经济越发达的地区对高学历的个体也更有吸引力。另外，2011～2014 年度内高新民营上市公司董事会平均受教育水平为 3.75，显著高于非高新民营上市公司的 3.61；高新行业董事会受教育水平多元化指数为 0.57，显著低于非高新企业的 0.61；从是否属于制造业来看，制造业和非制造业民营上市公司平均受教育水平分别为 3.65 和 3.79，教育水平多元化指数分别 0.60 和 0.55，并且均值差异均显著，说明不同行业之间董事会的平均受教育水平和受教育水平多元化存在显著差异，高新技术行业和非制造业民营上市公司拥有高学历、学历同质化的董事会。

2011～2014 年度民营上市公司董事会在专业背景属性方面没有显著差异，地区之间也不存在显著差异，但是存在行业差异。2011～2014 年专业背景多元化指数分别为 0.57、0.55、0.56、0.58，数值较大，[②] 并且样本之间的差异很小，说明股东在构建董事会时会考虑成员专业背景的搭配，运用多元化的知识分析企业所处环境，有利于提高公司重大战略决策的科学性。从专业背景多元化指数的极值可以发现，2011 年、2012 年和 2013 年度均有公司董事会存在专业背景单一化的现象，即指数取值为 0，单一的专业背景可能会使董事会做出的决策比较片面，风险较大。东部、中部和西部民营

---

① 根据受教育水平的变量定义，按照董事会成员获得的最高教育水平分为 5 个层次：低于大专学历、大专、本科、硕士和博士，依次赋值为 1、2、3、4、5，均值大于 3 小于 4，说明民营上市公司董事会成员的最高学历平均在本科以上。

② 根据指标计算公式，最大值为 k - 1/k，专业背景被划分为 6 类，因此专业背景多元化指数最大值约为 0.833。

上市公司董事会专业背景多元化指数平均为 0.56、0.55 和 0.59，没有显著差异（$p = 0.104$），西部目前仍存在单一专业背景的董事会，不利于发挥多元化知识的优势。非高新行业和制造业民营上市公司的董事会专业背景多元化（均值分别为 0.59、0.58）显著高于高新行业（均值为 0.54）和非制造业（均值为 0.54），董事会专业背景构成上存在显著的行业差异。

样本年度内民营上市公司董事会在职能背景属性方面没有显著差异，地区之间也不存在显著差异，但是存在行业差异。2011～2014 年职能背景多元化指数分别为 0.47、0.47、0.46、0.45，数值较大，① 并且样本之间的差异很小，说明目前民营上市公司在选聘董事时会考虑其职能背景的搭配。从职能背景多元化指数的极值可以发现，2011 年、2012 年和 2013 年度最小值均为 0，说明仍有公司董事会的职能背景单一，这可能会导致董事会进行战略决策时视角单一，从而降低决策的准确性。东部、中部和西部民营上市公司董事会职能背景多元化指数分别为 0.46、0.47 和 0.47，没有显著差异（$p = 0.528$），西部目前仍存在单一职能背景的董事会，不利于发挥多元化资源和网络的优势。与专业背景多元化一致，非高新行业和制造业民营上市公司的董事会职能背景多元化分别显著高于高新行业和非制造业，即存在行业差异。

民营上市公司董事会权力层级不平等程度在样本年度内保持稳定，呈现显著的地区差异。2011～2014 年度民营上市公司董事会权力层级不平等的均值为 0.45，各年均值没有显著差异（$p = 0.542$）。民营上市公司董事会权力层级不平等程度呈现显著的地区差异，经济发达的东部民营上市公司董事会权力层级更加不平等（东部、中部和西部的权力层级不平等均值分别为 0.46、0.42、0.42），这代表在中国东部地区，民营上市公司更倾向于两职合一。

① 根据指标计算公式，最大值为 $k-1/k$，职能背景被划分为 3 类，因此职能背景多元化指数最大值约为 0.667。

不同行业之间董事会权力分布没有显著差异，说明民营上市公司的权力设置和行业环境没有显著关系。

2011～2014 年度内民营上市公司董事会的地位层级不平等程度较低，并且年度之间存在显著差异，呈现先下降后上升的趋势，不存在地区和行业差异。在样本年度内地位层级不平等的基尼系数分别为 0.11、0.08、0.08 和 0.09，呈现先下降后上升的趋势，并且年度之间存在显著差异（$p = 0.003$），该指标取值 0～1，这说明董事会成员之间的非正式层级清晰度不高，更存在一些公司取值为 0，远远低于美国上市公司，[①] 表明我国民营上市公司董事会缺少高影响力的董事，董事之间地位差异较小，很可能在团队交互时出现各执己见的现象，影响决策效率。另外，不同地区和行业之间的民营上市公司在该指标上没有显著差异，可能是数值都偏低的原因导致的。

民营上市公司的创新投入在样本年度保持稳定，地区之间没有显著差异，行业之间存在显著差异。2011～2014 年度 RD 占收入的比值平均为 4.49%，标准差为 6.61%，高于均值，最小值为 0，最大值 89.16%，表明公司之间差异较大。东部、中部和西部 RD 占收入的比例分别为 4.48%、4.70% 和 4.35%，地区之间没有显著差异（$p = 0.949$），公司创新投入与地区经济发展程度没有显著关系。高新技术行业的民营上市公司（均值为 5.62%）显著高于非高新企业（2.92%），这和高新企业的特点密不可分。按照制造业和非制造业进行行业分类，也证实了民营上市公司的创新投入存在行业差异，非制造业平均为 6.27%，制造业为 3.64%，方差分析显示，二者差异显著（$p = 0.000$）。

民营上市公司的成长特征方面，销售收入增长率在 2011～2014 年度内平均为 23.94%，标准差为 42.89%，公司之间差异较大，

---

① 何和黄（2011）的研究表明，2001～2007 年美国制造业上市公司董事会非正式层级清晰度（等同于本书的地位层级不平等）均值为 0.21。

2011～2014 年分别为 19.26%、21.84%、25.54% 和 30.27%，呈现逐年上升的趋势，但趋势不显著（$p = 0.180$）。TobinQ 增长率平均为 21.67%，标准差为 50.72%，在样本年度内均值波动较大，均值分别为 -10.64%、36.82%、19.66% 和 45.65%，差异显著（$p = 0.000$）。销售收入增长率和 TobinQ 增长率不存在地区差异。高新技术行业的销售收入增长率（均值为 28.90%）和 TobinQ 增长率（均值为 26.35%）均显著高于非高新技术行业（均值分别为 17.05%、15.15%），非制造业的销售收入增长率（均值为 33.05%）和 TobinQ 增长率（均值为 28.76%）均显著高于制造业（均值分别为 19.58%、18.27%），这表明民营上市公司的成长率与国家的经济形势、行业特点有密切关系，与地区差异关系不大。

在控制变量方面，独立董事比例在 2011～2014 年度平均为 37.99%，各年独立董事比例均值均未发生显著变化，最低为 25%，最高为 60%，标准差为 5.35%，公司之间差异很小独立董事比例存在地区差异，东部、中部和西部平均值分别为 38.14%、36.50% 和 38.58%，中部上市公司独立董事比例略低于东部和西部。另外，不同行业之间公司独立董事比例差异不明显。绝大多数民营上市公司独立董事比例维持在 30%～40%，刚刚满足对独立董事人数限制的最低要求,① 可见独立董事的设置"被动合规"现象较明显。

董事会薪酬激励方面，在样本年度内呈现增长趋势，各年之间差异显著（$p = 0.000$），公司之间差异不大，最小值为 11.39，最大值为 16.28，说明民营上市公司不断加强对董事的激励，因为薪酬激励能促使董事会积极地履职。东部民营企业董事会薪酬激励显著高于中部和西部（$p = 0.001$），高新技术企业显著高于非高新企业（$p = 0.076$），非制造业企业显著高于制造企业（$p = 0.081$），说

---

① 证监会 2001 年颁布的《关于在上市公建立独立董事制度的指导意见》规定：上市公司董事会成员中应当至少包括1/3独立董事。

明在薪酬激励方面存在行业差异和地区差异。

四年内董事会会议次数呈现先下降后上升的趋势，均值分别为 9.78、9.43、9.38 和 10.37，各年差异显著（$p = 0.055$），其中，最少召开 3 次，最多召开 24 次，说明不同民营上市公司之间履职强度存在一定的差异，但都能保证法律规定的最低要求[①]。董事会会议次数不存在地区差异，不同地区的民营上市公司董事会都能够通过一定程度的会议次数来保证其勤勉义务的履行。非制造业的董事会会议平均召开 10.41 次，制造业平均召开 9.37 次，方差分析显示二者差异显著（$p = 0.000$）。

2011～2014 年度公司规模呈现稳定增长的趋势，各年均值差异显著，民营上市公司不断壮大，更加说明民营企业在我国国民经济中的重要作用，在经济新常态下将成为最活跃的经济增长点。不同地区之间公司规模不存在显著差异。非高新技术企业的规模显著高于高新技术企业，高新技术企业有形资产比重较低，而占比重较大的人力资源、知识等因为评估和计量问题往往不能体现在公司报表中，从而在报表中体现出来的企业规模偏低。

股权集中度方面，2011～2014 年度呈现逐步降低的趋势，各年均值分别为 51.69%、51.37%、47.69% 和 47.09%，并且差异显著（$p = 0.008$），虽然前三大股东的持股比例有所下降，但仍拥有近一半的股权，在中国情境下，集中的股权结构可能能避免权力争夺，提高董事会履职效率。制造业股权更加集中，均值为 51.52%，显著高于非制造业，均值为 45.48%，另外，不同地区之间差异不显著。

[①] 《公司法》第一百一十一条规定："董事会每年度至少召开两次会议，每次会议应当于会议召开十日前通知全体董事和监事。代表 1/10 以上表决权的股东、1/3 以上董事或者监事会，可以提议召开董事会临时会议。董事长应当自接到提议后十日内，召集和主持董事会会议。董事会召开临时会议，可以另定召集董事会的通知方式和通知时限。"

5.2 主要变量的相关性分析

本书通过相关性检验对假设进行初步判断。表 5 - 5 列示了各个变量之间的相关系数，由表可知年龄多元化、平均受教育水平、职能背景多元化、权力不平等与公司 RD 投入具有线性相关关系。其中，年龄多元化（$r = 0.186$，$p < 0.01$）、平均受教育水平（$r = 0.091$，$p < 0.05$）、权力层级不平等（$r = 0.084$，$p < 0.05$）与 RD 投入呈正相关，H1、H4 和 H8 可能成立。RD 投入与 TobinQ 增长率呈正相关关系（$r = 0.138$，$p < 0.01$），因此 H11 可能成立。RD 投入与销售收入增长率之间不存在线性相关关系（$r = 0.077$，$p > 0.05$），即可能是因为二者之间不存在任何关系，也可能是因为二者之间存在非线性相关关系，因此 H10 可能成立。此外，除平均年龄与 TobinQ 增长率呈负相关关系（$r = -0.134$，$p < 0.01$）、受教育水平多元化与 TobinQ 增长率呈负相关关系（$r = -0.106$，$p < 0.05$）之外，其余解释变量均与 TobinQ 增长率不相关，加上 RD 投入与 TobinQ 增长率呈正相关关系，因此这有可能是由于 RD 投入在解释变量与 TobinQ 增长率之间存在中介效应从而消除二者的相关性，H13 可能成立。除了地位不平等与销售收入增长率呈负相关关系（$r = -0.087$，$p < 0.05$）之外，其余解释变量均与销售收入增长率不相关，这有可能是由于在解释变量与销售收入增长率之间存在中介效应从而消除二者的相关性，同时 RD 投入与销售收入增长率没有显著线性相关关系，可能 RD 投入起到的是非线性中介，H12 可能成立。另外，所有变量之间相关系数绝对值均小于 0.4，说明变量之间相关性较低，将这些变量同时纳入回归方程不会存在严重的多重共线性问题。

表5-5　主要变量的相关性分析

变量	1	2	3	4	5	6	7	8	9	10
1. 年龄多元化	1.000									
2. 平均年龄	0.296**	1.000								
3. 性别多元化	0.014	-0.060	1.000							
4. 平均受教育水平	-0.205**	-0.196**	-0.208**	1.000						
5. 受教育水平多元化	0.067	0.106*	0.005	-0.163**	1.000					
6. 专业背景多元化	0.004	0.014	-0.055	-0.142**	0.165**	1.000				
7. 职能背景多元化	0.096*	0.079	-0.115**	0.031	0.141**	0.155**	1.000			
8. 权力层级不平等	-0.066	-0.122**	0.063	0.065	-0.082	0.050	0.061	1.000		
9. 地位层级不平等	-0.007	0.061	-0.113**	0.158**	0.030	0.031	0.150**	0.158**	1.000	
10. RD占收入之比	0.186**	-0.080	0.058	0.091*	-0.067	-0.059	-0.085*	0.084*	-0.015	1.000
11. TobinQ增长率 t+1	0.025	-0.134**	0.024	0.048	-0.106*	-0.033	-0.024	0.013	-0.052	0.138**
12. 销售收入增长率 t+1	-0.018	-0.023	-0.066	0.033	-0.031	0.032	-0.028	0.010	-0.087*	0.077
13. 产品市场竞争	-0.072	0.013	-0.078	-0.027	0.037	-0.031	-0.080	-0.049	0.043	0.025
14. 区域经济发展水平	-0.062	-0.056	0.095*	-0.018	0.061	0.101*	-0.021	0.053	0.060	-0.025
15. 独立董事比例	-0.063	0.016	0.054	0.058	-0.143**	-0.186**	0.138**	0.188**	0.207**	0.076
16. 董事会薪酬激励	0.034	0.037	-0.071	0.258**	0.040	-0.029	-0.030	-0.060	-0.050	-0.061
17. 董事会会议次数	0.030	-0.103*	-0.042	0.109**	-0.089*	-0.009	-0.053	0.092*	-0.015	-0.054

131

续表

变量	1	2	3	4	5	6	7	8	9	10
18. 公司规模	0.074	0.112**	-0.053	0.129**	0.068	-0.050	0.018	-0.089*	0.031	-0.188**
19. 成立年限	0.089*	0.237**	-0.116**	-0.002	0.006	-0.119**	-0.143**	-0.024	0.003	-0.157**
20. 股权集中度	0.020	-0.070	0.157**	-0.148	0.078	0.049	0.135**	0.135**	0.066	-0.022
21. 前期公司业绩	-0.059	-0.087*	0.141**	-0.006	-0.025	-0.047	-0.016	0.066	0.004	0.055

变量	11	12	13	14	15	16	17	18	19	20	21
1. 年龄多元化											
2. 平均年龄											
3. 性别多元化											
4. 平均受教育水平											
5. 受教育平均多元化											
6. 专业背景多元化											
7. 职能背景多元化											
8. 权力层级不平等											
9. 地位层级不平等											
10. RD 占收入之比											
11. TobinQ 增长率	1.000										
12. 销售收入增长率	-0.013	1.000									

续表

变量	11	12	13	14	15	16	17	18	19	20	21
13. 产品市场竞争	0.004	0.029	1.000								
14. 区域经济发展水平	-0.031	0.016	-0.028	1.000							
15. 独立董事比例	0.127**	0.010	0.005	0.000	1.000						
16. 董事会薪酬激励	0.030	0.051	0.031	0.081	-0.048	1.000					
17. 董事会会议次数	0.120**	-0.042	0.024	-0.046	0.048	0.066	1.000				
18. 公司规模	-0.009	-0.088*	0.033	0.004	-0.059	0.382**	0.342**	1.000			
19. 成立年限	-0.097*	0.047	-0.053	-0.017	-0.051	0.188**	0.063	0.295**	1.000		
20. 股权集中度	0.040	-0.009	-0.035	0.012	0.150**	-0.039	-0.053	-0.030	-0.178**	1.000	
21. 前期公司业绩	-0.020	-0.127**	0.063	-0.104*	0.081	0.053	-0.095	-0.085*	-0.218**	0.239**	1.000

注：** 在 0.01 水平（双侧）上显著相关，* 在 0.05 水平（双侧）上显著相关。

5.3　多元统计分析

5.3.1　董事会多元化、创新战略对短期成长影响的检验

1. 董事会多元化与创新战略、创新战略与民营企业短期成长

在董事会多元化与创新战略方面，如表 5 - 6 模型 1 显示，Sage 系数显著为正（$\beta = 0.2240$，$p < 0.01$），说明董事会年龄多元化与民营企业创新投入呈正向关系，H1 得到了数据的支持。Aage 对民营企业创新投入没有显著性影响，年轻化的董事会没能起到促进民营企业创新战略投入，H2 没有得到验证。董事会性别多元化 Bgen 与民营企业创新投入没有显著关系，性别助长效应没有直接得到体现，H3 没有得到验证。关于董事会受教育水平与民营企业创新投入，平均受教育水平 Aedu 的系数显著为正（$\beta = 0.1647$，$p < 0.01$），与何强和陈松（2011）、李小青和周建（2012）、李长娥和谢永珍（2016）研究结论相一致，而受教育水平多元化 Bedu 的系数在 10% 显著性水平下是不显著的，这说明高学历董事会能促进民营企业的创新投入，而学历的多元化作用不明显。因此，H4 得到了数据的支持，而 H5 没有得到支持。Bmaj 和 Bfun 对创新投入的影响均不显著，H6 和 H7 没有得到数据的验证，与李长娥和谢永珍（2016）研究结论一致。在不平等多元化方面，董事会权力层级不平等 Dpower 与民营企业创新战略投入显著正相关（$\beta = 0.0962$，$p < 0.05$），H8 得到数据的支持；而非正式层级——地位层级不平等 Dstatus 的系数显著为负（$\beta = -0.0759$，$p < 0.1$），说明地位的不平等程度抑制了民营上市公司的创新战略，可能是由于地位的不平等程度越高，层级越清晰，即表示在董事会内部存在清晰的顺从顺序，不利于认知冲突的形成，从而不利于产生碰撞的火花，创新战略制定的可能性不大，H9 与预期假设相反。

在创新战略与民营企业短期成长性相关方面，表 5 - 6 模型 2

中 RD 的一次项系数显著为负（$\beta = -0.1214$，$p < 0.05$），二次项系数显著为正（$\beta = 0.0504$，$p < 0.01$），说明创新投入与短期成长呈 U 型关系，即民营上市公司短期成长随着创新投入的增加呈现先下降后上升的变化趋势。因此，H10 得到数据的支持。并且，加入 RD 之后模型的解释力提高，R^2 由模型 1 的 0.1913 提高为 0.2710，模型 1 和模型 2 均在 1% 水平下显著。

表 5 - 6　　董事会多元化、创新战略对短期成长影响的回归结果

类别	指标	模型 1 （RD 为被解释变量）	模型 2 （GS 为被解释变量）
截距	constant	0.0031 (0.0800)	-0.0509 (-1.2946)
解释变量	Sage	0.2240 (5.1720)***	0.0256 (0.6052)
	Aage	-0.0515 (-1.1320)	-0.0700 (-1.6067)
	Bgen	0.0188 (0.4425)	0.0762 (1.8834)*
	Aedu	0.1647 (3.5372)***	-0.0500 (-1.1117)
	Bedu	-0.0052 (-0.1242)	0.0006 (0.0154)
	Bmaj	0.0156 (0.3587)	0.0177 (0.4282)
	Bfun	0.0348 (0.8171)	0.0052 (0.1272)
	Dpower	0.0962 (2.2831)**	0.0453 (1.1139)
	Dstatus	-0.0759 (-1.7725)*	-0.0421 (-1.0295)

类别	指标	模型1 （RD 为被解释变量）	模型2 （GS 为被解释变量）
中介变量	RD	—	-0.1214 (-2.0516)**
	RD^2	—	0.0504 (3.9042)***
控制变量	Binde	0.0602 (1.3786)	0.0224 (0.5381)
	Bince	0.0550 (1.1929)	-0.0003 (-0.0069)
	Bmeet	-0.0414 (-0.9316)	-0.0317 (-0.7465)
	Csize	-0.2121 (-4.2898)***	-0.1025 (-2.1410)**
	Cage	0.0232 (0.5063)	-0.0419 (-0.9555)
	Scent	-0.0809 (-1.8468)*	0.0176 (0.4195)
	Proa	0.1139 (2.2259)**	-0.1149 (-2.3447)**
	Industry-C	-0.0780 (-1.7962)*	-0.0869 (-2.0954)**
	Industry-H	0.1223 (2.8259)***	0.0542 (1.2920)
	East	0.1181 (2.2290)**	0.0719 (1.4188)
	Middle	0.1159 (2.1661)**	0.0636 (1.2413)

类别	指标	模型 1 （RD 为被解释变量）	模型 2 （GS 为被解释变量）
控制变量	Year 2012	0.0422 (0.8362)	0.4237 (8.8197) ***
	Year 2013	0.0693 (1.2867)	0.2621 (5.1004) ***
	Year 2014	0.0945 (1.7630) *	0.4806 (9.3992) ***
R^2		0.1913	0.2710
F		5.2058 ***	7.5189 ***
N		562	562

注：*、** 和 *** 分别表示 10%、5% 和 1% 的显著性水平，括号内数据为 t 统计量。

说明：为了与后面调节效应的验证保持一致，所有的数据均进行了标准化处理。

2. 创新战略在董事会多元化与短期成长之间的中介作用

为了获取董事会多元化通过创新战略投入影响公司短期成长的瞬间间接效应，本书选取了 95% 的置信水平和重新抽样 1000 次，并采用误差修正拔靴法（bias corrected bootstrap method）来获取置信区间。设置董事会多元化的较低（样本均值减一个标准差）、适中（样本均值）和较高（样本均值加一个标准差）三个水平，在每个水平值上均计算 θ，通过执行 bootstrp 获取置信区间，若低置信区间（LowerCI）和高置信区间（UpperCI）之间不包括 0，则意味着创新投入的瞬间间接效应显著；反之，若低置信区间和高置信区间包含 0，则创新投入的瞬间间接效应不显著。

表 5 - 7 回归结果显示，当 Sage 取值为较低（ - 1.0018）、适中（ - 0.0008）和较高（1.0002），Sage 通过 RD 影响 GS 的瞬间间接效应的置信区间均不包括 0，说明瞬间间接效应在 5% 置信水平下是显著的。因此，创新战略投入在董事会年龄多元化与民营企业短期成长

之间具有显著的非线性中介效应，H12a 成立。由于 θ 均为负值，所以，增加董事会年龄多元化程度通过促进创新投入反而降低了民营企业短期成长。表 5 - 6 中模型 2 显示，Sage 对 GS 的系数不显著，说明董事会年龄多元化对民营企业短期成长没有直接影响。

表 5 - 7　董事会多元化通过创新战略对短期成长产生的瞬间间接效应

作用路径	XVAL	θ	LowerCI	UpperCI
Sage→RD→GS	- 1.0018	- 0.0323	- 0.1058	- 0.0027
	- 0.0008	- 0.0272	- 0.0901	- 0.0024
	1.0002	- 0.0221	- 0.0744	- 0.0019
Aage→RD→GS	- 0.9973	0.0060	- 0.0013	0.0281
	0.0045	0.0063	- 0.0013	0.0320
	1.0064	0.0065	- 0.0014	0.0347
Bgen→RD→GS	- 1.0049	- 0.0023	- 0.0196	0.0045
	- 0.0050	- 0.0023	- 0.0192	0.0046
	0.9950	- 0.0022	- 0.0180	0.0047
Aedu→RD→GS	- 0.9980	- 0.0227	- 0.0740	- 0.0010
	0.0063	- 0.0200	- 0.0637	- 0.0004
	1.0107	- 0.0172	- 0.0539	- 0.0002
Bedu→RD→GS	- 1.0113	0.0006	- 0.0084	0.0141
	- 0.0069	0.0006	- 0.0081	0.0150
	0.9974	0.0006	- 0.0077	0.0158
Bmaj→RD→GS	- 1.0067	- 0.0019	- 0.0238	0.0058
	- 0.0030	- 0.0019	- 0.0220	0.0059
	1.0008	- 0.0019	- 0.0203	0.0060
Bfun→RD→GS	- 1.0052	- 0.0044	- 0.0346	0.0055
	0.0003	- 0.0042	- 0.0318	0.0056
	1.0058	- 0.0041	- 0.0293	0.0060

续表

作用路径	XVAL	θ	LowerCI	UpperCI
Dpower→RD→GS	− 1. 0009	− 0. 0126	− 0. 0541	− 0. 0005
	− 0. 0015	− 0. 0117	− 0. 0469	− 0. 0004
	0. 9979	− 0. 0108	− 0. 0410	− 0. 0003
Dstatus→RD→GS	− 0. 9984	0. 0086	0. 0002	0. 0297
	0. 0051	0. 0092	0. 0002	0. 0314
	1. 0087	0. 0098	0. 0002	0. 0335

注：XVAL 为解释变量的取值，分别为较低（均值减一个标准差）、适中（均值）和较高（均值加一个标准差）；θ 为在董事会多元化特定取值下通过创新投入对短期成长的瞬间间接效应；LowerCI 和 UpperCI 表示 95% 置信水平下采用误差修正拔靴法获取的低置信区间和高置信区间。

当 Aage 取值为较低（− 0. 9973）、适中（0. 0045）和较高（1. 0064）时，Aage 通过 RD 对 GS 的瞬间间接效应 95% 的置信区间均包含 0，说明瞬间间接效应不显著，即无论董事会平均年龄较高、适中和较低，董事会年龄无法通过创新投入而影响民营企业短期成长，H12b 没有得到验证。表 5 – 6 中模型 2 显示，Aage 对 GS 的系数也不显著，说明董事会平均年龄对民营企业短期成长没有直接影响。

当 Bgen 取值为较低（− 1. 0049）、适中（− 0. 0050）和较高（0. 9950）时，Bgen 通过 RD 对 GS 的瞬间间接效应 95% 的置信区间均包含 0，说明瞬间间接效应不显著，即无论董事会性别多元化较高、适中和较低，董事会性别多元化无法通过创新投入影响民营企业短期成长，H12c 不成立。表 5 – 6 中模型 2 显示，Bgen 对 GS 的系数在 10% 显著性水平下是显著的，说明董事会性别多元化对民营企业短期成长具有直接影响。

当 Aedu 取值为较低（− 0. 9980）、适中（0. 0063）和较高（1. 0107）时，Aedu 通过 RD 对 GS 的瞬间间接效应 95% 的置信区间均不包含 0，说明瞬间间接效应在 5% 置信水平上是显著的。因此，创新战略投入在董事会平均受教育程度与民营企业短期成长之间具有显著的非线性中介效应，H12d 成立。由于 θ 均为负值，所以，提高董事会平均学历通过促进创新投入反而降低了民营企业短期成长。表 5-6 中模型 2 显示，Aedu 对 GS 的系数是不显著的，说明董事会平均受教育水平对民营企业短期成长不具有直接影响。

当 Bedu 取值为较低（-1.0113）、适中（-0.0069）和较高（0.9974）时，Bedu 通过 RD 对 GS 的瞬间间接效应 95% 的置信区间均包含 0，说明瞬间间接效应不显著，即董事会学历多元化较高、适中和较低，董事会学历多元化无法通过创新投入影响民营企业短期成长，H12e 不成立。表 5-6 中模型 2 显示，Bedu 对 GS 的系数是不显著的，说明董事会受教育水平多元化对民营企业短期成长没有直接影响。

当 Bmaj 取值为较低（-1.0067）、适中（-0.0030）和较高（1.0008）时，Bmaj 通过 RD 对 GS 的瞬间间接效应 95% 的置信区间均包含 0，说明瞬间间接效应不显著，即董事会专业背景多元化较高、适中和较低，董事会专业背景多元化无法通过创新投入影响民营企业短期成长，H12f 不成立。表 5-6 中模型 2 显示，Bmaj 对 GS 的系数是不显著的，说明董事会专业背景多元化对民营企业短期成长没有直接影响。

当 Bfun 取值为较低（-1.0052）、适中（0.0003）和较高（1.0058）时，Bfun 通过 RD 对 GS 的瞬间间接效应 95% 的置信区间均包含 0，说明瞬间间接效应不显著，即董事会职能背景多元化较高、适中和较低，董事会职能背景多元化无法通过创新投入影响民营企业短期成长，H12g 不成立。表 5-6 中模型 2 显示，Bfun 对 GS 的系数是不显著的，说明董事会职能背景多元化对民营企业短期成长没有直接影响。

当 Dpower 取值为较低（-1.0009）、适中（-0.0015）和较高（0.9979）时，Dpower 通过 RD 对 GS 的瞬间间接效应 95% 的置信区间均不包含 0，说明瞬间间接效应在 5% 置信水平上是显著的。因此，创新战略投入在董事会权力层级不平等程度与民营企业短期成长之间具有显著的非线性中介效应，H12h 成立。由于 θ 均为负值，所以增加董事会权力层级不平等程度通过促进创新投入反而降低了民营企业短期成长。表5-6中模型2显示，Dpower对GS的系数是不显著的，说明董事会权力层级不平等程度对民营企业短期成长不具有直接影响。

当Dstatus取值为较低（-0.9984）、适中（0.0051）和较高（1.0087）时，Dstatus通过RD对GS的瞬间间接效应95%的置信区间均不包含0，说明瞬间间接效应在5%置信水平上是显著的。因此，创新战略投入在董事会地位层级不平等程度与民营企业短期成长之间具有显著的非线性中介效应，H12i成立。由于θ均为正值，所以增加董事会地位层级不平等程度通过减少创新投入可以提升民营企业短期成长。表5-6中模型2显示，Dstatus对GS的系数是不显著的，说明董事会地位层级不平等程度对民营企业短期成长不具有直接影响。

5.3.2 董事会多元化、创新战略对长期成长影响的检验

1. 董事会多元化与创新战略、创新战略与民营企业长期成长

表5-8模型1是以GQ为被解释变量，董事会多元化为解释变量，验证的是董事会多元化对民营企业长期成长的总效应。回归结果显示，董事会多元化结构里面只有平均年龄Aage对公司长期成长具有显著的总效应（$\beta = 0.1110$，$p < 0.05$），按照温忠麟和叶宝娟（2014）的说法，按中介效应立论；而其他变量与公司长期成长的系数均不显著，这种情形归入"广义中介分析"，按遮掩效应立论。但无论总效应是否显著，都需要进行后续检验。

表5-8　　董事会多元化、创新战略对长期成长影响的回归结果

指标	模型1 （GQ为被解释变量）	模型2 （RD为被解释变量）	模型3 （GQ为被解释变量）
constant	0.0013 （0.0319）	-0.0047 （-0.1222）	0.0017 （0.0412）

指标	模型 1 （GQ 为被解释变量）	模型 2 （RD 为被解释变量）	模型 3 （GQ 为被解释变量）
Sage	0.0607 (1.3509)	0.2832 (6.6018)***	0.0384 (0.8237)
Aage	-0.1110 (-2.3640)**	-0.0743 (-1.6578)*	-0.1051 (-2.2379)**
Bgen	0.0244 (0.5561)	0.0626 (1.4947)	0.0195 (0.4437)
Aedu	-0.0052 (-0.1093)	0.1197 (2.6140)***	-0.0147 (-0.3043)
Bedu	-0.0438 (-1.0006)	0.0287 (0.6879)	-0.0461 (-1.0539)
Bmaj	0.0117 (0.2600)	0.0127 (0.2968)	0.0107 (0.2381)
Bfun	-0.0056 (-0.1269)	-0.1080 (-2.5471)**	0.0029 (0.0643)
Dpower	-0.0339 (-0.7786)	0.0726 (1.7459)*	-0.0396 (-0.9090)
Dstatus	-0.0435 (-0.9955)	0.0116 (0.2779)	-0.0444 (-1.0183)
RD	—	—	0.0787 (1.7446)*
Binde	0.1081 (2.4322)**	0.0703 (1.6578)*	0.1025 (2.3061)**
Bince	0.0196 (0.4098)	-0.0456 (-0.9981)	0.0232 (0.4852)
Bmeet	0.0712 (1.5499)	-0.0683 (-1.5588)	0.0766 (1.6664)*

续表

指标	模型 1 （GQ 为被解释变量）	模型 2 （RD 为被解释变量）	模型 3 （GQ 为被解释变量）
Csize	− 0. 0093 （ − 0. 1829）	− 0. 1116 （ − 2. 2964）**	− 0. 0005 （ − 0. 0104）
Cage	− 0. 0846 （ − 1. 7823）*	− 0. 1287 （ − 2. 8419）***	− 0. 0744 （ − 1. 5601）
Scent	0. 0734 （1. 6168）	− 0. 0297 （ − 0. 6845）	0. 0758 （1. 6707）*
Proa	− 0. 1271 （ − 2. 5341）**	0. 0025 （0. 0521）	− 0. 1273 （ − 2. 5429）**
Industry-C	− 0. 1115 （ − 2. 4566）**	− 0. 1432 （ − 3. 3047）***	− 0. 1002 （ − 2. 1903）**
Industry-H	0. 0820 （1. 8302）*	0. 1363 （3. 1874）***	0. 0712 （1. 5788）
East	0. 0334 （0. 6101）	− 0. 0064 （ − 0. 1229）	0. 0340 （0. 6205）
Middle	0. 0311 （0. 5649）	0. 0371 （0. 7065）	0. 0282 （0. 5126）
Year 2012	0. 0378 （0. 7267）	0. 0306 （0. 6154）	0. 0354 （0. 6815）
Year 2013	0. 0953 （1. 7394）*	0. 0545 （1. 0423）	0. 0910 （1. 6625）*
Year 2014	0. 1131 （2. 0383）**	0. 0465 （0. 8787）	0. 1094 （1. 9746）**
R^2	0. 1209	0. 1935	0. 1259
F	3. 0768 ***	5. 3696 ***	3. 0867 ***
N	562	562	562

注：*、** 和 *** 分别表示 10%、5% 和 1% 的显著性水平，括号内数据为 t 统计量。

说明：为了与后面调节效应的验证保持一致，所有的数据均进行了标准化处理。

模型 2 是以 RD 为被解释变量，董事会多元化为解释变量。回归结果显示，Sage 系数显著为正（$\beta = 0.2832$，$p < 0.01$），说明董事会年龄多元化与民营企业创新投入呈正向关系，H1 得到了数据的支持。Aage 系数显著为负（$\beta = -0.0743$，$p < 0.1$），董事会平均年龄对民营企业创新投入具有显著的负向影响，年轻化的董事会能促进民营企业创新战略投入，H2 得到验证。Bgen 与民营企业创新投入没有显著关系，性别助长效应没有得到直接体现，H3 没有得到验证。平均受教育水平 Aedu 的系数显著为正（$\beta = 0.1197$，$p < 0.01$），而受教育水平多元化 Bedu 的系数在 10% 显著性水平下是不显著的，这说明高学历董事会能促进民营企业的创新投入，而学历的多元化作用不明显。因此，H4 得到了数据的支持，而 H5 没有得到支持。Bmaj 对创新投入的影响不显著，H6 没有得到数据的验证，与李长娥和谢永珍（2016）研究结论一致。Bfun 对创新投入的影响显著为负（$\beta = -0.1080$，$p < 0.05$），与预期假设正好相反，H7 不成立。在不平等多元化方面，董事会权力层级不平等与民营企业创新投入显著正相关（$\beta = 0.0726$，$p < 0.1$），H8 得到数据的支持；而非正式层级——地位层级不平等的系数不显著，H9 没有得到数据的支持。

在创新战略与民营企业长期成长方面，以 GQ 为被解释变量，董事会多元化和创新投入 RD 均为解释变量构建模型 3。回归结果显示，RD 回归系数显著为正（$\beta = 0.0787$，$p < 0.1$），说明创新战略投入与民营企业长期成长呈正相关关系，H11 得到数据的支持。Aage 系数显著为负（$\beta = -0.1051$，$p < 0.05$），说明 Aage 对 GQ 具有显著的直接效应。

2. 创新战略在董事会多元化与长期成长之间的中介作用

根据温忠麟和叶宝娟（2014）提出的检验中介效应的流程，若路径系数 a 和 b 均显著，说明间接效应显著，从表 5 - 8 模型 2 可知，Sage、Aage、Aedu、Bfun、Dpower 对 RD 的系数（a）均显著，从表5-8模型3可知，RD对GQ的系数（b）显著，所以，RD在Sage、Aage、Aedu、Bfun、Dpower与GQ之间起到线性中介的作用，H13a、H13b、H13d、H13g、H13h均成立。另根据模型3，Sage、Aedu、Bfun、Dpower对GQ的回归系数（c'）均不显著，说明直接效应不显著，只有中介效应；而Aage对GQ的回归系数（c'）是显著的，说明直接效应也显著，并且a×b为负号，c'为负号，属于部分中介，a×b/c=5.27%，即在总效应中，中介效应占总效应的5.27%，94.73%属于直接效应。

若路径系数a和b至少有一个显著，需要运行bootstrap直接检验a×b是否等于0以判断间接效应的显著性。表5-8模型2可知，Bgen、Bedu、Bmaj和Dstatus对RD的系数（a）均不显著，因此，对上述变量运行bootstrap来获取置信区间，本书选取了95%的置信水平，重新抽样1000次，并采用误差修正拔靴法（bias corrected bootstrap method）来获取置信区间。如表5-9所示，Bgen通过创新战略对民营企业长期成长的影响是0.0049，符号与预期相符，但是置信区间包括0，所以，中介效应不显著，H13c不成立。同样地，Bedu、Bmaj和Dstatus置信区间均包括0，中介效应均不显著，H13e、H13f、H13i均不成立。同时，我们还检验了Sage、Aage、Aedu、Bfun、Dpower通过RD影响长期成长的置信区间，置信区间均不包括0，验证了之前的分析；通过Bootstrap回归结果，可以发现，Sage、Aedu、Dpower通过RD对民营企业长期成长的影响均为正值，Effect分别为0.0223、0.0094和0.0057，民营企业可以通过增加董事会年龄多元化、提高平均受教育水平、增加董事成员之间的权力不平等来促进创新投入进而提升公司长期成长；Aage和Bfun通过RD对民营企业长期成长的影响均为负值，Effect分别为-0.0058和-0.0085，民营企业可以通过选聘年轻董事、职能背景相似的董事来促进创新投入进而提升公司长期成长。

表 5 - 9　　　　　董事会多元化通过创新战略对长期
成长影响的 **Bootstrap** 检验结果

指标	Effect	BootLLCI	BootULCI
Sage	0. 0223	0. 0038	0. 0489
Aage	− 0. 0058	− 0. 0200	− 0. 0005
Bgen	0. 0049	− 0. 0019	0. 0149
Aedu	0. 0094	0. 0024	0. 0218
Bedu	0. 0023	− 0. 0030	0. 0119
Bmaj	0. 0010	− 0. 0070	0. 0096
Bfun	− 0. 0085	− 0. 0297	− 0. 0004
Dpower	0. 0057	0. 0002	0. 0224
Dstatus	0. 0009	− 0. 0039	0. 0093

注：Effect 为解释变量通过创新战略对民营企业长期成长的影响，BootLLCI 和 Boot-ULCI 分别表示 95% 置信水平下采用误差修正拔靴法获取的低置信区间和高置信区间。

5.3.3　情境因素调节效应的检验

1. 产品市场竞争的调节效应

（1）零模型。表 5 - 10 中模型 1 为未包含任何预测变量的零模型，用于判断高层变量对创新投入的解释度；利用模型 1 的方差成分，计算得到模型 1 的 ICC 值为 10. 58%，ICC $= \tau_{00}/(\sigma^2 + \tau_{00})$，说明民营上市公司创新投入中有 10. 58% 的变动是行业层面变量引起的，在 5% ~ 20% 的典型区间内。另外，μ_{oj} 的 p 值达到了 0. 01 的显著性水平，说明不同产品市场的民营企业创新投入是不同的，也说明本数据适合做跨层分析。

（2）检验层 - 1 的主效应。稳健性固定效应[1]的结果显示（见表 5 - 10 模型 2），Sage 对 RD 具有显著的正向影响（$\beta = 0. 2256$，

---

　　① 由于样本规模所限，将层 - 2 所有斜率模型设定为固定效应模型，以保持必要的统计显著性水平。

$p < 0.1$）。Aage 对 RD 的影响与预期符号一致，但没有达到 10% 显著性水平（$\beta = -0.0761$，$p > 0.1$）。Aedu 对 RD 具有显著的正向影响（$\beta = 0.1506$，$p < 0.01$），董事会学历越高，对知识和信息的甄别、获取、开发、分解和使用的能力越强，并能以开放的态度对待创新活动中的不确定性，从而增加企业创新战略的概率，这与何强和陈松（2011）、李小青和周建（2012）、李长娥和谢永珍（2016）研究结论相一致。然而，董事会多样型多元化 Bgen、Bedu、Bmaj、Bfun 均对 RD 没有显著性影响。Dpower 对 RD 的影响虽与预期符号一致，但没有达到 10% 显著性水平（$\beta = 0.0631$，$p > 0.1$），而 Dstatus 对 RD 具有显著的负向影响（$\beta = -0.0649$，$p < 0.1$）。

表 5 – 10　　　　　　　产品市场竞争调节效应的回归结果

类别	指标	模型 1	模型 2	模型 3
截距	constant	− 0.1699 （− 2.1890）**	− 0.1795 （− 2.3340）**	− 0.1820 （− 2.3810）**
层 – 1 变量	Sage		0.2256 （1.6970）*	0.1089 （1.4850）
	Aage		− 0.0761 （− 0.9980）	− 0.0875 （− 1.3910）
	Bgen		0.0363 （0.9020）	0.0696 （1.4320）
	Aedu		0.1506 （4.5020）***	0.0327 （0.8010）
	Bedu		0.0295 （0.3330）	− 0.1136 （− 1.2420）
	Bmaj		0.0448 （1.1310）	− 0.0553 （− 1.3020）
	Bfun		0.0550 （0.8750）	0.1060 （1.6010）

类别	指标	模型1	模型2	模型3
层-1变量	Dpower		0.063! (0.8490)	0.0559 (0.8230)
	Dstatus		-0.0649 (-1.9150)*	-0.2245 (-3.7360)***
层-2变量	HHI			-0.0068 (-0.0870)
	HHI × Sage			-0.2234 (-1.3080)
	HHI × Aage			0.0009 (0.0070)
	HHI × Bgen			0.0534 (0.6050)
	HHI × Aedu			-0.1979 (-2.4430)**
	HHI × Bedu			-0.2376 (-1.1110)
	HHI × Bmaj			-0.1708 (-1.9850)**
	HHI × Bfun			0.1038 (0.7290)
	HHI × Dpower			-0.0017 (-0.0190)
	HHI × Dstatus			-0.2691 (-2.7330)***

类别	指标	模型1	模型2	模型3
控制变量	Binde		0.0668 (1.4630)	0.0740 (1.4670)
	Bince		0.1002 (1.0740)	0.1031 (1.0860)
	Bmeet		-0.0174 (-0.2130)	-0.0071 (-0.0870)
	Csize		-0.2227 (-2.8610)***	-0.2227 (-2.9470)***
	Cage		0.0675 (1.7230)*	0.0639 (1.7740)*
	Scent		-0.0583 (-0.9210)	-0.0693 (-1.1480)
	Proa		0.1580 (6.7530)***	0.1634 (6.7240)***
	East		-0.0325 (-0.6780)	-0.0070 (-0.1610)
	Middle		0.0361 (0.6750)	0.0541 (0.9050)
	Year 2012		0.0820 (3.4020)***	0.0765 (3.1620)***
	Year 2013		0.1142 (3.2100)***	0.1101 (3.0180)***
	Year 2014		0.1103 (2.4360)**	0.1020 (2.3480)**

类别	指标	模型 1	模型 2	模型 3
方差构成	组内方差 σ^2	0.8719	0.7558	0.7372
	组间方差 τ_{00}	0.1032	0.1118	0.1036
	Chi-square	132.5296 ***	155.3892 ***	141.2323 ***
	层 $-1\Delta R^2$		0.1332	
	层 $-2\Delta R^2$			0.0733

注: * 、 ** 和 *** 分别表示 10% 、 5% 和 1% 的显著性水平; 括号内数据为 t 值。层 $-1\Delta R^2$ = (前一个模型 σ^2 - 后一个模型 σ^2)/前一个模型 σ^2, 层 $-2\Delta R^2$ = (前一个模型 τ_{00} - 后一个模型 τ_{00})/前一个模型 τ_{00}。

说明: 因为选择产品市场竞争作为调节变量, 因此在回归时删除了行业控制变量。由于样本规模所限, 将层 -2 所有斜率模型设定为固定效应模型, 以保持必要的统计显著性水平。

模型 2 比模型 1 组内方差减少了 0.1332, 表示民营企业创新战略投入约有 13.32% 可被董事会多元化变量解释。此外, 在加入董事会多元化变量后, 组间方差 $\tau_{00} = 0.1118$, 且卡方检验的结果显著 ($P < 0.01$), 表示在层 -2 模型中有可能存在行业层次因素的影响。因此, 需要进行层 -2 的检验。

(3) 检验层 -2 的交互效应。表 5 -10 中模型 3 加入了产品市场竞争程度这一高层次变量, 并引入董事会多元化与产品市场竞争程度的交互项, 验证产品市场竞争对董事会多元化与创新战略投入的跨层调节效应。结果显示, 从交叉项上看, HHI × Sage 与 RD 无显著关系 ($\beta = -0.2234$, $p > 0.1$), H14a 不成立, 说明产品市场竞争对董事会年龄多元化与 RD 之间的关系无显著调节作用, 即董事会年龄多元化对 RD 的促进作用在不同行业之间无显著差异。HHI × Aage 与 RD 无显著关系 ($\beta = 0.0009$, $p > 0.1$), H14b 没有得到数据的支持, 说明产品市场竞争对董事会平均年龄与 RD 之间的关系无显著调节作用。HHI × Bgen 与 RD 无显著关系 ($\beta = 0.0534$, $p > 0.1$), 说明产品市场竞争对董事会性别多元化与 RD 之间的关系无显著调节作用，H14c 没有得到数据的支持。HHI × Aedu 的回归系数显著为负（$\beta = -0.1979$，$p < 0.05$），说明 HHI × Aedu 对民营企业 RD 具有显著的正向影响，[①]并且 Aedu 对民营企业 RD 的正效应在竞争激烈的行业中有所增强，而在垄断行业中有所减弱（见图 5 - 1），H14d 得到数据的支持，结合模型 2 中 Aedu 对 RD 的主效应也显著，表明董事会平均学历对民营企业创新战略的积极影响是稳定的，并且在竞争激烈的行业尤为明显。HHI × Bedu 与 RD 无显著关系（$\beta = -0.2376$，$p > 0.1$），说明产品市场竞争对董事会学历多元化与 RD 之间的关系无显著调节作用，H14e 没有得到数据的支持。HHI × Bmaj 的回归系数显著为负（$\beta = -0.1708$，$p < 0.05$），说明 HHI × Bmaj 对民营企业 RD 具有显著的正向影响，[②]并且 Bmaj 对民营企业 RD 的正效应在竞争激烈的行业中有所增强，而在垄断行业中有所减弱（见图 5 - 2），H14f 得到数据的支持，结合模型 2 中 Bmaj 对 RD 的主效应不显著，然而，一旦包含了产品市场竞争这一调节变量，董事会专业背景多元化的效应变得显著。这说明董事会专业背景多元化对创新投入的影响并非稳定而系统，仅研究主效应可能会掩盖董事会专业知识多元化与创新战略之间的真实关系，因此，有必要进行情境分析。HHI × Bfun 与 RD 无显著关系（$\beta = 0.1038$，$p > 0.1$），说明产品市场竞争对董事会职能背景多元化与 RD 之间的关系无显著调节作用，H14g 没有得到数据的支持。HHI × Dpower 与 RD 无显著关系（$\beta = -0.0017$，$p > 0.1$），说明产品市场竞争对董事会权力层级不平等与 RD 之间的关系无显著调节作用，H14h 没有得到数据的支持。HHI × Dstatus 的回归系数显著为负（$\beta = -0.2691$，$p < 0.01$），说明 HHI × Dstatus 对民营企业 RD 具有显著

---

① 因为 HHI 指数为逆指标，HHI 指数越小，说明产品市场竞争程度越大。HHI × Aedu 的回归系数为负，说明 HHI × Aedu 对民营企业 RD 具有显著的正向影响。

② 因为 HHI 指数为逆指标，HHI × Bmaj 的回归系数为负，说明 HHI × Bmaj 对民营企业 RD 具有显著的正向影响。

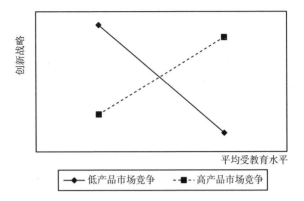

**图 5-1　产品市场竞争对董事会平均受教育
水平与创新战略的调节效应**

说明：由于产品市场竞争程度 HHI 为逆指标，为了更直观地反映产品市场竞争程度与对董事会多元化与创新战略关系的影响，HHI 与平均受教育水平交互项的数值取其相反数。

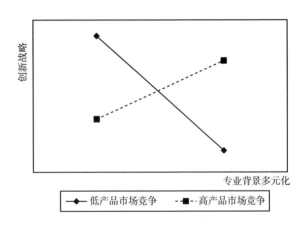

**图 5-2　产品市场竞争对董事会专业背景
多元化与创新战略的调节效应**

说明：由于产品市场竞争程度 HHI 为逆指标，为了更直观地反映产品市场竞争程度与对董事会多元化与创新战略关系的影响，HHI 与专业背景多元化交互项的数值取其相反数。

的正向影响，① 表明产品市场竞争对董事会地位层级不平等与创新战略起着正向调节作用，并且 Dstatus 对民营企业 RD 的正效应在竞争激烈的行业中有所增强，而在垄断行业中有所减弱（见图 5 - 3），H14i 得到数据的支持，然而模型 2 中 Dstatus 与 RD 显著负相关，主效应是负的，调节效应为正，产品市场竞争会削弱董事会地位层级不平等与创新战略的负向效应。

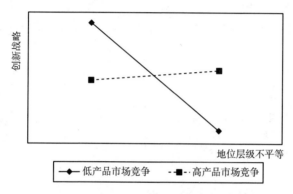

图 5 - 3　产品市场竞争对董事会地位层级
不平等与创新战略的调节效应

说明：由于产品市场竞争程度 HHI 为逆指标，为了更直观地反映产品市场竞争程度与对董事会多元化与创新战略关系的影响，HHI 与地位层级不平等交互项的数值取其相反数。

模型 3 比模型 2 的方差减少了（ΔR^2）为 0.0733，表明有 7.33% 的 RD 投入组间方差可以被产品市场竞争变量所解释。

2. 区域经济发展水平的调节效应

（1）零模型。表 5 - 11 中模型 1 为未包含任何预测变量的零模型，用于判断高层变量对创新投入的解释度；利用模型 1 的方差成分，计算得到模型 1 的 ICC 值为 5.17%，$ICC = \tau_{00}/(\sigma^2 + \tau_{00})$，说

---

① 因为 HHI 指数为逆指标，HHI × Dstatus 的回归系数为负，说明 HHI × Dstatus 对民营企业 RD 具有显著的正向影响。

明民营上市公司创新投入中有 5.17% 的变动是区域层面变量引起的，在 5%~20% 的典型区间内。另外，μ_{oj} 的 p 值达到了 0.01 的显著性水平，说明不同区域的民营企业创新投入是不同的，也说明本数据适合做跨层分析。

表 5 – 11　　　　　区域经济发展水平调节效应的回归结果

类别	指标	模型 1	模型 2	模型 3
截距	constant	– 0.0986 (– 1.4590)	– 0.1058 (– 1.5630)	– 0.1156 (– 1.6330)
层 – 1 变量	Sage		0.2371 (2.3490) **	0.1621 (2.8420) ***
	Aage		– 0.0184 (– 0.3110)	0.0179 (0.3060)
	Bgen		0.0370 (0.7380)	– 0.0393 (– 0.6940)
	Aedu		0.2152 (5.4940) ***	0.2023 (3.3280) ***
	Bedu		0.0044 (0.1010)	– 0.0146 (– 0.3220)
	Bmaj		0.0055 (0.0750)	– 0.0515 (– 0.9310)
	Bfun		0.0283 (0.9160)	0.0540 (1.0180)
	Dpower		0.0890 (2.3330) **	0.1107 (2.0520) **
	Dstatus		– 0.0711 (– 1.3600)	– 0.0312 (– 0.5500)

续表

类别	指标	模型 1	模型 2	模型 3
层 - 2 变量	GDP			0.0256 (0.4080)
	GDP × Sage			0.0678 (2.0560)**
	GDP × Aage			-0.0250 (-0.7250)
	GDP × Bgen			0.0736 (2.0970)**
	GDP × Aedu			-0.0142 (-0.3520)
	GDP × Bedu			0.0449 (1.1970)
	GDP × Bmaj			0.0785 (2.2790)**
	GDP × Bfun			-0.0305 (-0.9400)
	GDP × Dpower			-0.0126 (-0.3870)
	GDP × Dstatus			-0.0476 (-1.4190)
控制变量	Binde	0.0640 (1.3500)	0.0515 (1.1440)	
	Bince	0.0410 (0.6690)	0.0475 (0.9700)	
	Bmeet	-0.0214 (-0.8730)	-0.0145 (-0.3320)	

续表

类别	指标	模型 1	模型 2	模型 3
控制变量	Csize		-0.2409 (-5.7630) ***	-0.2443 (-4.8360) ***
	Cage		0.0196 (0.4430)	0.0199 (0.4350)
	Scent		-0.0661 (-1.8710) *	-0.0441 (-0.9880)
	Proa		0.1095 (2.2630) **	0.1210 (2.3520) **
	Industry-C		-0.0594 (-1.0170)	-0.0473 (-0.9690)
	Industry-H		0.1040 (3.0770) ***	0.1208 (2.6450) ***
	Year 2012		0.0390 (0.6250)	0.0463 (0.9550)
	Year 2013		0.0687 (1.2420)	0.0698 (1.3540)
	Year 2014		0.0904 (2.2080) **	0.0871 (1.6580) *
方差构成	组内方差 σ^2	0.9515	0.8251	0.7634
	组间方差 τ_{00}	0.0519	0.0589	0.0576
	Chi-square	56.9989 ***	66.6987 ***	70.6008 ***
	层 $-1\Delta R^2$		0.1328	
	层 $-2\Delta R^2$			0.0221

注：*、** 和 *** 分别表示 10%、5% 和 1% 的显著性水平；括号内数据为 t 值。层 $-1\Delta R^2 =$（前一个模型 σ^2 – 后一个模型 σ^2）/前一个模型 σ^2，层 $-2\Delta R^2 =$（前一个模型 τ_{00} – 后一个模型 τ_{00}）/前一个模型 τ_{00}。

说明：因为选择区域经济发展水平作为调节变量，因此，在进行回归分析时删除了地区控制变量。由于样本规模所限，将层 -2 所有斜率模型设定为固定效应模型，以保持必要的统计显著性水平。

（2）检验层 -1 的主效应。稳健性固定效应①的结果显示（见表 5 - 11 模型 2），Sage 对 RD 具有显著的正向影响（$\beta = 0.2371$，$p < 0.05$）。Aage 对 RD 的影响与预期符号一致，但没有达到 10% 显著性水平（$\beta = -0.0184$，$p > 0.1$）。Aedu 对 RD 具有显著的正向影响（$\beta = 0.2152$，$p < 0.01$）。然而，董事会多样型多元化 Bgen、Bedu、Bmaj、Bfun 均对 RD 没有显著性影响。Dpower 对 RD 具有显著的正向影响（$\beta = 0.0890$，$p < 0.05$），而 Dstatus 对 RD 不具有显著影响（$\beta = -0.0711$，$p > 0.1$）。

模型 2 比模型 1 组内方差减少了 0.1328，表示民营企业创新战略投入约有 13.28% 可被董事会多元化变量解释。此外，在加入董事会多元化变量后，组间方差 $\tau_{00} = 0.0589$，且卡方检验的结果显著（$p < 0.01$），表示在层 - 2 模型中有可能存在地区层次因素的影响。因此，需要进行层 - 2 的检验。

（3）检验层 -2 的交互效应。表 5 - 11 中模型 3 加入了区域经济发展水平这一高层次变量，并引入董事会多元化与区域经济发展水平的交互项，验证区域经济发展水平对董事会多元化与创新战略投入的跨层调节效应。结果显示，从交叉项上看，GDP × Sage 与 RD 显著正相关（$\beta = 0.0678$，$p < 0.05$），H15a 得到数据的支持，说明区域经济发展水平对董事会年龄多元化与 RD 之间的关系具有显著的调节作用，即董事会年龄多元化对 RD 的促进作用在不同地区之间存在显著差异。结合模型 2 中 Sage 与 RD 的主效应显著正相关，GDP 对二者的关系起到增强的作用，即在经济发展水平越高的地区，董事会年龄多元化对民营企业创新战略的促进作用更加明显（见图 5 - 4）。GDP × Aage 与 RD 无显著关系（$\beta = -0.0250$，$p > 0.1$），H15b 没有得到数据的支持，说明区域经济发展水平对董事会平均年龄与 RD 之间的关系无显著调

---

①　由于样本规模所限，将层 - 2 所有斜率模型设定为固定效应模型，以保持必要的统计显著性水平。

节作用。GDP × Bgen 与 RD 显著正相关（$\beta = 0.0736$，$p < 0.05$），说明区域经济发展水平对董事会性别多元化与 RD 之间的关系具有显著调节作用，区域经济发展水平越高，董事性别多元化越能促进民营企业创新投入，并且 Bgen 对民营企业 RD 的正效应在经济发达地区有所增强，而经济欠发达地区有所减弱（见图 5 - 5），H15c 得到数据的支持。结合董事会性别多元化对公司创新投入的主效应不显著，然而，一旦包含了区域经济发展水平这一调节变量，董事会性别多元化的效应变得显著。这说明董事会性别多元化对公司创新投入的影响并非稳定，会受到内外部情境因素的影响。因此，仅仅研究主效应可能会掩盖董事会性别多元化与公司创新投入之间的真实关系，与李长娥和谢永珍（2016）研究结论相一致。GDP × Aedu 与民营企业 RD 无显著影响（$\beta = -0.0142$，$p > 0.1$），H15d 没有得到数据的支持。GDP × Bedu 与 RD 无显著关系（$\beta = 0.0449$，$p > 0.1$），说明区域经济发展水平对董事会学历多元化与 RD 之间的关系无显著调节作用，H15e 没有得到数据的支持。GDP × Bmaj 与民营企业 RD 具有显著的正向影响（$\beta = 0.0785$，$p < 0.05$），并且 Bmaj 对民营企业 RD 的正效应在经济发达地区有所增强，而经济欠发达地区有所减弱（见图 5 - 6），H15f 得到数据的支持，结合模型 2 中 Bmaj 对 RD 的主效应不显著，然而，一旦包含了区域经济发展水平这一调节变量，董事会专业背景多元化的效应变得显著。这说明董事会专业背景多元化对创新投入的影响并非稳定而系统，仅研究主效应可能会掩盖董事会专业知识多元化与创新战略之间的真实关系。GDP × Bfun 与 RD 无显著关系（$\beta = -0.0305$，$p > 0.1$），说明区域经济发展水平对董事会职能背景多元化与 RD 之间的关系无显著调节作用，H15g 没有得到数据的支持。GDP × Dpower 与 RD 无显著关系（$\beta = -0.0126$，$p > 0.1$），说明区域经济发展水平对董事会权力层级不平等与 RD 之间的关系无显著调节作用，H15h 没有得到数据的支持。GDP × Dstatus 与民营企业 RD 不具有显著的影响（$\beta = -0.0476$，$p > 0.1$），表明区域经济发展水平

对董事会地位层级不平等与创新战略没有显著的调节作用，H15i
没有得到数据的支持。

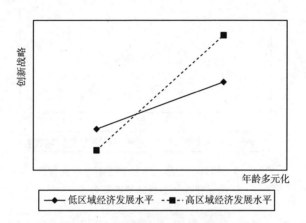

图 5 – 4 区域经济发展水平对董事会年龄
多元化与创新战略的调节效应

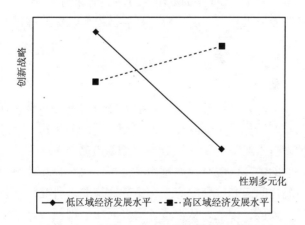

图 5 – 5 区域经济发展水平对董事会性别
多元化与创新战略的调节效应

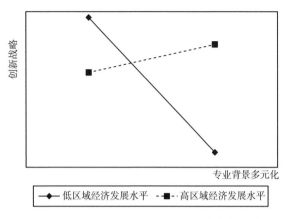

图 5 - 6　区域经济发展水平对董事会专业背景
多元化与创新战略的调节效应

模型 3 比模型 2 的方差减少了（ΔR^2）为 0.0221，表明有 2.21% 的 RD 投入组间方差可以被区域经济发展水平这一变量所解释。与模型 2 相比，Chi-square 由 66.6987 增加到 70.6008，表明加入区域经济发展水平这一高层次变量后，模型解释力得到了提高。

5.4　稳健性检验

为了保证研究结论的可靠性，本书检验变量之间是否存在反向的因果关系，即民营企业成长是否中介了董事会多元化与创新战略。米勒和特里亚纳（2009）在研究创新战略在董事会多元化与公司绩效之间的中介效应时，通过检验公司绩效是否在董事会多元化与创新战略之间起到中介效应进行稳健性检验，研究没有发现公司绩效的中介效应，因此，认为董事会多元化、创新战略与公司绩效存在反向因果关系的可能性极小。赵琳（2014）也借鉴上述方法对董事会特征、行为与治理绩效的关系进行稳健性检验。在稳健性检验中，采用 t 期董事会多元化结构作为解释变量，t 期民营企业短期成长或长期成长作为中介变量，$t+1$ 期创新战略投入作为被解释变量。依据前文相关假设，在该部分将认为董事会多元化与短期成长呈线性关系，短期成长与创新战略投入呈 U 型关系，短期成长在董事会多元化与创新战略投入之间起到非线性中介作用；董事会多元化与长期成长、长期成长与创新战略投入均呈线性关系，长期成长在董事会多元化与创新战略投入之间起到线性中介作用。

在董事会多元化、短期成长对创新战略影响的检验中（见表 5 - 12 模型 2），GS 的一次项（$\beta = 0.0054$）和二次项（$\beta = -0.0051$）系数在 10% 显著性水平下均不显著；表 5 - 13 结果显示，董事会多元化各指标通过 GS 对 RD 产生的瞬间间接效应在 95% 置信区间均包括 0，这表明瞬间间接效应均不显著，短期成长在董事会多元化与企业创新战略之间不存在显著的中介效应。

表 5 - 12　　董事会多元化、短期成长对创新战略影响的回归结果

指标	模型 1（GS 为被解释变量）	模型 2（RD 为被解释变量）
constant	- 0.0061（- 0.1425）	- 0.0064（- 0.1440）
Sage	0.0833（1.8055）*	0.2552（5.7925）***
Aage	- 0.0118（- 0.2333）	- 0.0842（- 1.7567）*
Bgen	0.008（0.1726）	0.0506（1.1432）
Aedu	0.0909（1.7549）*	0.1427（2.8865）***
Bedu	- 0.007（- 0.154）	- 0.0054（- 0.1237）

指标	模型 1 （GS 为被解释变量）	模型 2 （RD 为被解释变量）
Bmaj	-0.0274 （-0.5814）	-0.0086 （-0.1919）
Bfun	0.0234 （0.5029）	-0.0448 （-1.0115）
Dpower	-0.031 （-0.6704）	0.0398 （0.9060）
Dstatus	0.0427 （0.8798）	0.0416 （0.9014）
GS	—	0.0054 （0.1024）
GS²	—	-0.0051 （-0.2801）
Binde	0.034 （0.7217）	0.0283 （0.6320）
Bince	-0.0235 （-0.4676）	-0.0296 （-0.6179）
Bmeet	0.1729 （3.6482）***	-0.0736 （-1.6101）
Csize	0.0998 （1.8914）*	-0.1490 （-2.955）***
Cage	-0.0987 （-1.9942）**	-0.0790 （-1.6677）*
Scent	-0.018 （-0.3830）	-0.0158 （-0.3448）

续表

指标	模型1 （GS 为被解释变量）	模型2 （RD 为被解释变量）
Proa	− 0. 0182 （ − 0. 3916）	0. 0578 （1. 3089）
Industry-C	− 0. 0584 （ − 1. 2242）	− 0. 1351 （ − 2. 9625）***
Industry-H	0. 1158 （2. 4314）**	0. 1300 （2. 8508）***
East	0. 0773 （1. 3439）	0. 0117 （0. 2132）
Middle	− 0. 0068 （ − 0. 1184）	0. 0779 （1. 4180）
Year 2012	− 0. 1376 （ − 2. 5382）**	0. 0129 （0. 2470）
Year 2013	− 0. 0733 （ − 1. 2496）	0. 0233 （0. 4164）
Year 2014	− 0. 1072 （ − 1. 8302）	− 0. 0005 （ − 0. 0090）
R^2	0. 1220	0. 1958
F	2. 9849 ***	4. 7914 ***
N	518	518

注：*、**和***分别表示 10%、5% 和 1% 的显著性水平，括号内数据为 t 统计量。

说明：由于上市公司的研发支出属于自愿性披露的信息，部分样本数据无法获取，进行稳健性检验的样本数为 518 家民营上市公司。

表 5 – 13 董事会多元化通过短期成长对创新
战略产生的瞬间间接效应

作用路径	XVAL	θ	LowerCI	UpperCI
Sage→GS→RD	– 1.0141	0.0005	– 0.0073	0.0123
	– 0.0026	0.0004	– 0.0074	0.0112
	1.0089	0.0004	– 0.0074	0.0100
Aage→GS→RD	– 1.0116	– 0.0001	– 0.0078	0.0052
	– 0.0312	– 0.0001	– 0.0078	0.0053
	0.9492	– 0.0001	– 0.0081	0.0053
Bgen→GS→RD	– 0.9876	0.0000	– 0.0045	0.0057
	0.0192	0.0000	– 0.0042	0.0056
	1.0260	0.0000	– 0.0041	0.0057
Aedu→GS→RD	– 0.9396	0.0006	– 0.0088	0.0147
	0.0402	0.0005	– 0.0090	0.0134
	1.0199	0.0004	– 0.0090	0.0125
Bedu→GS→RD	– 1.0174	0.0000	– 0.0073	0.0067
	– 0.0041	0.0000	– 0.0078	0.0068
	1.0092	0.0000	– 0.0082	0.0064
Bmaj→GS→RD	– 1.0114	– 0.0001	– 0.0078	0.0037
	– 0.0060	– 0.0001	– 0.0081	0.0038
	0.9993	– 0.0002	– 0.0084	0.0039
Bfun→GS→RD	– 1.0133	0.0001	– 0.0034	0.0078
	– 0.0059	0.0001	– 0.0035	0.0077
	1.0016	0.0001	– 0.0034	0.0074
Dpower→GS→RD	– 1.0084	– 0.0002	– 0.0087	0.0042
	– 0.0161	– 0.0002	– 0.0088	0.0042
	0.9761	– 0.0002	– 0.0089	0.0044

作用路径	XVAL	θ	LowerCI	UpperCI
Dstatus→GS→RD	− 0. 9821	0. 0002	− 0. 0053	0. 0113
	− 0. 0086	0. 0002	− 0. 0054	0. 0107
	0. 9648	0. 0002	− 0. 0055	0. 0100

注：XVAL 为解释变量的取值，分别为较低（均值减一个标准差）、适中（均值）和较高（均值加一个标准差）。θ 为在解释变量特定取值下通过短期成长对创新投入的瞬间间接效应。LowerCI 和 UpperCI 表示 95% 置信水平下采用误差修正拔靴法获取的低置信区间和高置信区间。

在董事会多元化、长期成长对创新战略影响的检验中（见表 5 – 14），模型 2 回归结果表明，董事会多元化对长期成长的回归系数（a）均不显著，模型 3 中长期成长的回归系数（b）也不显著，因此，需要进行 bootstrap 法直接检验 a × b 是否显著。表 5 – 15 结果显示，董事会多元化各指标通过 GQ 对 RD 产生的间接效应在 95% 水平下置信区间均包括 0，这表明间接效应均不显著，长期成长在董事会多元化与创新战略之间不存在显著的中介效应。

表 5 – 14　　　　董事会多元化、长期成长对创新战略影响的回归结果

指标	模型 1 （RD 为被解释变量）	模型 2 （GQ 为被解释变量）	模型 3 （RD 为被解释变量）
constant	− 0. 0116 （ − 0. 2860）	− 0. 0561 （ − 1. 6365）	− 0. 0171 （ − 0. 3893）
Sage	0. 2543 （5. 8102）***	− 0. 0087 （ − 0. 2366）	0. 2420 （5. 2522）***
Aage	− 0. 0841 （ − 1. 7563）*	− 0. 0285 （ − 0. 7318）	− 0. 0889 （ − 1. 7397）*
Bgen	0. 0508 （1. 1522）	0. 0121 （0. 3360）	0. 0640 （1. 3878）

续表

指标	模型 1 （RD 为被解释变量）	模型 2 （GQ 为被解释变量）	模型 3 （RD 为被解释变量）
Aedu	0.1429 (2.9090)***	-0.0344 (-0.8672)	0.1306 (2.5213)**
Bedu	-0.0038 (-0.0876)	0.0327 (0.9191)	-0.0133 (-0.2974)
Bmaj	-0.0092 (-0.2055)	0.0076 (0.2079)	-0.0042 (-0.0917)
Bfun	-0.0447 (-1.0108)	-0.0169 (-0.4654)	-0.0220 (-0.4779)
Dpower	0.0403 (0.9205)	0.0305 (0.8428)	0.0371 (0.8008)
Dstatus	0.0417 (0.9055)	0.0032 (0.0875)	0.0553 (1.1509)
GQ	—	—	0.0131 (0.2314)
Binde	0.0274 (0.6140)	0.0055 (0.1477)	-0.0081 (-0.1724)
Bince	-0.0289 (-0.6047)	0.0457 (1.1669)	-0.0478 (-0.9551)
Bmeet	-0.0749 (-1.6655)*	0.0262 (0.6910)	-0.0662 (-1.3991)
Csize	-0.1503 (-3.0040)***	-0.0803 (-1.9251)*	-0.1416 (-2.6826)***
Cage	-0.0776 (-1.6541)*	-0.0502 (-1.3043)	-0.0836 (-1.7057)*

续表

指标	模型 1 （RD 为被解释变量）	模型 2 （GQ 为被解释变量）	模型 3 （RD 为被解释变量）
Scent	− 0.0160 （ − 0.3501）	0.0381 （1.0384）	− 0.0028 （ − 0.0585）
Proa	0.0582 （1.3213）	− 0.1239 （ − 2.5339）**	0.0345 （0.5584）
Industry-C	− 0.1360 （ − 3.0035）***	− 0.1462 （ − 3.8935）***	− 0.1301 （ − 2.6712）***
Industry-H	0.1303 （2.8843）***	0.0767 （2.0762）**	0.1309 （2.7406）***
East	0.0107 （0.1961）	0.0155 （0.3414）	0.0120 （0.2069）
Middle	0.0777 （1.4172）	− 0.0097 （ − 0.2151）	0.0846 （1.4678）
Year 2012	0.0118 （0.2295）	0.2642 （6.0022）***	0.0160 （0.2773）
Year 2013	0.0228 （0.4093）	0.7408 （16.2611）***	0.0288 （0.3912）
Year 2014	− 0.0011 （ − 0.0206）	0.5018 （10.8313）***	0.0098 （0.1475）
R^2	0.1957	0.4571	0.1811
F	5.2247 ***	17.830	4.1018
N	470	470	470

注：*、** 和 *** 分别表示 10%、5% 和 1% 的显著性水平，括号内数据为 t 统计量。

说明：由于部分上市公司托宾 Q 值的缺失，该部分进行稳健性检验的样本数为 470 家民营上市公司。

表 5 – 15　　　董事会多元化通过长期成长对创新战略
影响的 **Bootstrap** 检验结果

指标	Effect	BootLLCI	BootULCI
Sage	– 0.0001	– 0.0077	0.0056
Aage	– 0.0005	– 0.0121	0.0063
Bgen	0.0000	– 0.0071	0.0057
Aedu	– 0.0004	– 0.0124	0.0052
Bedu	0.0006	– 0.0070	0.0139
Bmaj	– 0.0001	– 0.0057	0.0055
Bfun	– 0.0003	– 0.0085	0.0050
Dpower	0.0004	– 0.0051	0.0109
Dstatus	0.0002	– 0.0045	0.0084

注：Effect 为解释变量通过长期成长对创新战略的影响，BootLLCI 和 BootULCI 分别表示 95% 置信水平下采用误差修正拔靴法获取的低置信区间和高置信区间。

综上所述，通过检验，短期成长和长期成长在董事会多元化与创新战略之间均不存在显著的中介效应。因此，认为董事会多元化、创新战略与企业成长存在反向因果关系的可能性极小，本书的研究结论是稳定的。

5.5　实证结果讨论

本章从非线性和线性两个视角，以 2011～2015 年的民营上市公司为样本，验证了董事会分离型多元化、多样型多元化和不平等型多元化通过创新战略对公司成长的影响，以及外部情境对董事会分离型多元化、多样型多元化和不平等型多元化与创新战略关系的影响。

5.5.1　董事会多元化通过创新战略对民营企业短期成长的影响

1. 董事会多元化与创新战略

在董事会分离型多元化与创新战略方面，年龄多元化与民营企业创新投入呈正相关关系，说明董事会年龄多元化能促进民营企业创新投入，年龄多元化的董事会可以确保更有效的分工运作，年长的董事能提供经验、智慧和经济资源，年轻的董事能为董事会决策带来更大的动力，更能把握新思想和学习新事物，从而减少群体思维，促使董事会不致力于满足现状和现有战略，使董事会充分认识到环境变化并识别有前景的市场，提高公司进行创新战略的概率。董事会平均年龄与创新投入没有显著关系，虽然年轻的董事更具创新能力和学习能力，但是经验不足，经验不足的负效应正好抵消了创新能力和学习能力所能带来的正效应。

多样型多元化包括性别、受教育水平、专业背景和职能背景，研究结果表明以 Blau 指数衡量的指标（Bgen，Bedu，Bmaj and Bfun）与民营企业创新投入不具有显著关系，分析其可能的原因：一方面可能是二者并非线性关系。当多样型多元化指数较低时，基于社会认同和社会分类理论，由于独特的类别，在团队内这部分少数人被视为外群体，在群体中会产生内群体偏好和外群体偏见，结果导致信息共享的优势得不到体现，少数人在群体中没有话语权，在团队交互时往往会隐藏他们的个人特征，从而影响对知识和信息的利用，导致决策效率低下和研发机会的丧失。当多样型多元化指数较高时，基于信息决策视角，多样型多元化的董事会能扩宽董事会的视野，促进信息共享和优势互补，提升董事会分析问题和解决问题的能力，有利于改善战略决策质量，识别出更多的研发机会；然而，当多样型多元化指数偏高时，由于群体异质性程度过高，可能超越了个体的认知局限，根据认知局限性理论，一旦达到认知的"阈值"，个体处理信息的能力会大大降低，同时太多的信息也会干扰他们处理其他信息的能力（Khanna，Jones and Boivie，2013），最终由于信息量过多导致决策准确性降低。董事专业背景和经历迥然不同，对于战略制定、战略目标、战略计划等的分歧性观点过多，由于专有术语过多，在群体中沟通困难，最终导致每位董事都各执己见，从而陷入争执，降低战略决策效率。基于以上分析，董事会多样型多元化对创新战略可能存在倒 U 型关系，适度的多样型多元化对公司创新战略决策才能发挥有效的作用。因此，在我国传统文化的影响下，以及我国企业仍然处于现代企业制度建设过程中，还没有完善的协调机制和正式的沟通制度来发挥董事会理团队多样型多元化所带来的好处，同质性的董事会效率相对更好一些。另一方面的原因是，董事会多样型多元化对公司战略决策的影响受到情境因素的影响，这些情境因素的存在可能会抵消董事会多样型多元化对创新战略的正面或负面的影响。情境因素调节效应的实证结果证实了这一观点，例如，Bgen 和 Bmaj 对 RD 主效应不显著，然而考虑区域经济发展水平这一调节变量后，Bgen 和 Bmaj 对 RD 的调节效应均变得显著了。

以绝对水平衡量的董事会平均学历对创新投入正相关，与何强和陈松（2011）、李小青和周建（2012）、李长娥和谢永珍（2016）研究结论相一致。较高的教育所形成的学习能力和知识结构对董事来说是有价值的，面对复杂的任务，董事必须快速解读大量复杂的信息，这时储备的知识结构能更好地帮助他们及时捕捉有价值的信息，并能以开放的态度对待创新活动中的不确定性，从而增加企业创新战略的概率。

不平等型多元化对民营企业创新投入有不同的影响。回归结果表明，董事会权力层级不平等与公司创新战略呈正相关关系，与卫旭华（2015）、李长娥和谢永珍（2017）研究结论相一致。在中国情境下，董事会正式权力越集中，越能促进团队内部的明确分工，简化董事之间的交互，使大家拥有共同的目标，从而形成更好的团队协同效应，进而提升公司创新战略制定的效率；也证实了权力越大的个体往往表现出更大的风险偏好。然而，董事会地位不平等与民营企业创新投入呈负相关关系，与预期相反。可能是由于在团队内部，当正式层级——权力层级清晰时，非正式层级就变得不重要，甚至不会产生。已有研究表明，当正式层级作用减少时，非正式层级的作用才会显现（Diefenbach and Sillince，2011），即为权力层级不清晰时，在团队内部会有意识或无意识形成清晰的非正式层级，两者之间存在此消彼长的关系，这样在团队内部的整个层级结构才是相对稳定的（李长娥和谢永珍，2017）。另一导致权力层级不平等和地位层级不平等对民营企业创新投入产生不同影响的原因是调节因素的存在（Halevy，Chouand Galinsky，2011），正是情境因素调节效应的存在，可能使得层级对团队有效性的影响不一致。

2. 创新战略对民营企业短期成长的影响

本书验证了创新投入与短期成长存在 U 型关系，与预期相符。由于创新活动通常具有巨大的不确定性、冗长的过程等特点，在短期内，技术创新所带来的更多的是资源的投入，并且在创新行为实施之初，面临的风险比较大，对短期成长可能会产生抑制作用；随着创新投入的增加，前期技术创新活动的风险也会逐渐降低，其成果也会逐渐显现。

3. 董事会多元化通过创新战略对民营企业短期成长的传导路径

董事会年龄多元化、平均受教育水平、权力层级不平等和地位层级不平等通过创新战略的传递，对民营企业短期成长而产生显著影响。而董事会平均年龄、性别多元化、专业背景多元化和职能背景多元化通过创新战略对民营企业短期成长没有显著影响。

无论董事会年龄多元化取值较低、适中还是较高，通过创新战略对民营企业短期成长的瞬间间接效应 θ 均为负值，并且都显著不为 0，说明创新战略在董事会年龄多元化与短期成长之间起到非线性中介的效应。结合前面的分析，董事会年龄多元化与创新战略正相关，创新战略与民营企业短期成长呈 U 型关系，瞬间间接效应 θ 为负值表明目前创新战略对民营企业短期成长的影响处于 U 型曲线的前半段，即呈现短期成长随着创新战略的增加呈下降的趋势，究其主要原因就是民营企业创新投入偏低所造成的，2011～2014 年度民营企业创新投入占收入的比值平均为 4.49%，样本中有 25.8% 的公司创新投入占收入的比值小于 1%，仅有 11.03% 的公司创新投入占收入的比值大于 10%。从 θ 的绝对值来看，随着 X 取值的增加，θ 的绝对值越来越小，说明随年龄多元化的增加通过创新战略对短期成长的影响越来越小。

由于董事会平均年龄对创新战略无显著影响，因此，降低董事平均年龄无法通过增加创新投入而促进民营企业短期成长，创新战略在董事会平均年龄与短期成长之间不存在中介效应。

无论董事会平均受教育水平取值较低、适中还是较高，通过创新战略对民营企业短期成长的瞬间间接效应 θ 均为负值，并且都显著不为 0，说明创新战略在董事会平均受教育水平与短期成长之间起到非线性的中介效应。同样，由于民营企业创新投入偏低，使得创新战略的瞬间间接效应为负值，创新战略对民营企业短期成长的影响处于 U 型曲线的前半段。从 θ 的绝对值观察，随着董事会平均受教育水平的提高，通过创新战略对民营企业短期成长的影响逐渐减弱。

由于性别多元化、受教育水平多元化、专业背景多元化和职能背景多元化对创新战略无显著影响，因此，提高董事会多样型多元化无法通过增加创新投入而促进民营企业短期成长，创新战略在董事会多样型多元化——性别多元化、受教育水平多元化、专业背景多元化和职能背景多元化与短期成长之间不存在中介效应。

无论董事会权力层级不平等取值较低、适中还是较高，通过创新战略对民营企业短期成长的瞬间间接效应 θ 均为负值，并且都显著不为 0，说明创新战略在董事会权力层级不平等与短期成长之间起着非线性的中介效应。也是由于民营企业创新投入偏低，使得创新战略的瞬间间接效应为负值，创新战略对民营企业短期成长的影响处于 U 型曲线的前半段。从 θ 的绝对值观察，随着董事会权力分配的不平等程度的增加，通过创新战略对民营企业短期成长的影响逐渐减弱。

无论董事会地位层级不平等取值较低、适中还是较高，通过创新战略对民营企业短期成长的瞬间间接效应 θ 均为正值，并且都显著不为 0，说明创新战略在董事会地位层级不平等与短期成长之间起着非线性的中介效应。由于地位层级不平等与 RD 呈负相关关系，RD 与短期成长处于 U 型关系的前半段，使得地位层级不平等通过 RD 对短期成长的瞬间间接效应为正。并且随着地位层级不平等取值的增加，θ 越来越大，瞬间间接效应随着董事会地位不平等程度的增加而增强。因此，在民营企业创新投入偏低的情况下，地位层级不平等程度高的董事会更有利于促进公司短期成长，并且地位不平等程度越高，对民营企业短期成长的积极促进效应越强。

虽然董事会年龄多元化、平均受教育水平、权力层级不平等和地位层级不平等通过创新战略的传递，对民营企业短期成长均产生显著影响，但是影响力有所不同。首先，从瞬间间接效应 θ 绝对值的大小可以判断，年龄多元化通过创新战略对民营企业短期成长的影响最大；其次是平均受教育水平；最后是权力层级不平等，影响力最小的是地位层级不平等。

5.5.2　董事会多元化通过创新战略对民营企业长期成长的影响

1. 董事会多元化与创新战略

在董事会分离型多元化与创新战略方面，年龄多元化与民营企业创新投入呈正相关关系，年龄多元化能促进民营企业创新投入，与预期相符；董事会平均年龄与创新投入呈负相关关系，年轻的董事思维活跃，更能把握新思想和学习新事物，风险意识较强，容易接受和推进新的变革，同时年轻的董事对未来职业生涯有长远的预期，年轻的董事更倾向于进行创新战略，而年长的董事往往比较保守，更加注重收入的稳定性和职业的稳定性，对创新战略的兴趣不高。

在董事会多样型多元化与创新战略方面，性别多元化、受教育水平多元化、专业背景多元化与民营企业创新投入不具有显著的相关关系，可能的原因是二者可能并非线性关系。当多样型多元化指数偏低时，少数人在群体中没有话语权，从而影响对知识和信息的利用，导致决策效率低下；当多样型多元化指数偏高时，由于群体异质性程度过高，可能超越了个体的认知局限，同时太多的信息也会干扰他们处理其他信息的能力。另一原因是情境因素的影响，董事会多样型多元化对公司战略决策的影响受到情境因素的影响，这些情境因素的存在可能会抵消董事会多样型多元化对创新战略的正面或负面的影响。董事会职能背景多元化与民营企业创新投入呈负相关关系，与预期假设相反。可能是由于情境因素的存在，掩盖了二者的真实关系，情境因素的调节效应检验证实了该观点。该结论表明当企业精英做出决策时，会受到他们过去的经验的影响，董事会讨论公司重大创新决策时，思考问题的出发点以过去的职能背景为主。

以绝对水平衡量的董事会平均受教育水平与创新战略投入正相关，董事会学历越高，对知识和信息的甄别、获取、开发、分解和使用的能力越强，并能以开放的态度对待创新活动中的不确定性，从而增加企业创新战略的概率。

关于不平等型多元化对民营企业创新投入影响的方面，董事会权力层级不平等与公司创新战略呈正相关关系。董事会团队权力越集中，领导者越能有力地影响其他董事的行为，使大家拥有共同的目标，从而形成更好的团队协同效应，进而提升董事会制定创新战略的效率。然而，董事会地位层级不平等与民营企业创新投入没有显著关系，可能是由于在董事会团队内部，当正式层级——权力层级清晰时，非正式层级就变得不重要，甚至不会产生。另一原因是情境因素的存在，掩盖了层级对董事会决策的真实关系。

2. 创新战略对民营企业长期成长的影响

实证结果表明，创新投入对民营企业长期成长呈正相关关系。虽然创新投入在短期内不能给企业带来即时收益，甚至由于大量的资金投入和极大的不确定性而是降低短期绩效，但是企业长期成长不仅反映企业当前的经营绩效，更是对未来的预期。企业长期成长——企业价值增长率体现了企业存续期间所有的未来现金流量，随着资源投入的增加，研发能力强的企业能够以更快的速度研发出新专利或新产品，然后快速市场化，进而能为企业带来一定的市场垄断权，使企业拥有一定的定价优势。另外，随着创新资金的投入，企业能有效地改变原有的生产工艺，进而减少原材料的投入、降低成本、提高劳动生产效率，最终提高企业绩效。随着企业的技术创新活动的开展，也会促进组织协调、市场营销、基础管理、资源配套等综合组织能力的提高，逐渐积淀最终形成企业核心能力，为企业创造更多的价值。因此，在一个较长的时间跨度内，创新战略有助于增加产品的多样化，提高吸收能力和利用知识的能力，使企业更具竞争力，进而促进企业的长期成长。

3. 董事会多元化通过创新战略对民营企业长期成长的传导路径

董事会年龄多元化、平均年龄、平均受教育水平、职能背景多元化、权力层级不平等通过创新战略的传递，对民营企业长期成长产生显著的影响。而董事会性别多元化、专业背景多元化和地位层级不平等通过创新战略对民营企业长期成长没有显著影响。

在分离型多元化方面，增加董事会年龄多元化通过促进创新投入而提升民营企业长期成长，创新战略在董事会年龄多元化与民营企业长期成长起到线性中介的作用。降低董事会平均年龄通过增加创新投入而促进民营企业长期成长，创新战略在董事会平均年龄与民营企业长期成长起到线性中介作用，但是中介效应比重较低，仅占5.27%，更多的是董事会平均年龄对长期成长的直接影响。因此，民营企业在构建董事会年龄结构时，为了保障企业长期发展，应充分引入年轻董事，并适度考虑年长董事的加盟，构建年轻化和多元化兼有的董事会。

在多样型多元化方面，由于性别多元化、受教育水平多元化和专业背景多元化对创新战略无显著影响，因此，董事会性别多元化、受教育水平多元化和专业知识多元化无法通过创新投入而影响民营企业的长期成长，创新战略在董事会性别多元化、受教育水平多元化和专业背景多元化与长期成长之间不存在中介效应。只有职能背景多元化通过创新战略对长期成长具有显著效应，影响值为负值，降低董事会职能背景多元化通过增加创新投入可以促进民营企业的长期成长，这也表明当企业精英做出决策时，思考问题的出发点以过去的职能背景为主，工作经验关系到董事对公司事项或问题的识别和感知，职能背景多元化程度过高，意味着观察同一事件的视角太广泛，可能很难形成统一的观点，不利于民营企业做出创新性的变革。另外，以绝对水平衡量的平均受教育水平通过创新战略对长期成长的影响也是显著的，Effect 为正，表明提高董事会平均受教育水平通过增加创新投入能促进民营企业长期成长。

董事会权力层级不平等通过创新战略对民营企业短期成长的 Effect 为正，并且都显著不为 0，说明创新战略在董事会权力层级不平等与长期成长之间起到线性中介的效应，董事会可以通过增加权力分配的不平等程度通过促进创新投入而提升长期成长。然而，由于非正式层级——地位层级不平等与创新投入不显著，因此，董事地位层级不平等无法通过创新投入而影响民营企业的长期成长，创新战略在董事会地位层级不平等与长期成长之间不存在中介效应。

虽然董事会年龄多元化、平均年龄、平均受教育水平、职能背景多元化、权力层级不平等通过创新战略的传递，对民营企业长期成长均产生显著影响，但是影响力有所不同。首先，从 Effect 绝对值的大小可以判断，年龄多元化通过创新战略对民营企业长期成长的影响最大；其次是平均受教育水平；再次是职能背景多元化；影响力最小的是平均年龄和权力层级不平等。

5.5.3 情境因素对董事会多元化与民营企业创新战略关系的影响

尽管民营企业技术创新战略是一个备受关注的研究领域，但相关的研究大多局限于单一层面的研究设计，很少关注董事会团队特征和外部情境对民营企业创新投入的共同影响。基于此，本书采用跨层分析方法，考察产品市场竞争程度和区域经济发展水平两种情境下，董事会多元化对民营企业技术创新战略的影响。

1. 产品市场竞争的跨层调节效应

研究结果表明，行业特征可以解释民营企业 R&D 支出 10.58% 的方差变动，说明产品市场竞争情境因素对民营企业创新战略来说，是一个非常重要的影响因素。

在产品市场竞争对分离型多元化与民营企业创新战略之间关系的影响方面，董事会平均年龄对创新投入的主效应不显著，产品市场竞争的交互效应也不显著，说明产品市场竞争对董事会平均年龄与民营企业创新战略没有显著调节作用。年龄多元化对创新投入的主效应显著为正，产品市场竞争的交互效应不显著，产品市场竞争对董事会年龄多元化与民营企业创新战略没有显著调节作用。虽然年龄多元化的董事会兼有经验和资源丰富的年长董事又具有开拓精神的年轻董事，但是在竞争激烈的行业环境中，这种优势无法得到体现，这也表明面临复杂的行业环境，无法通过调整董事会的年龄结构影响创新战略，可能人力资本和社会资本特征更具直接关系。在前面董事会多元化通过创新战略对民营企业成长影响研究中，年龄多元化对创新战略均具有显著影响，而在行业环境情境下，变得不再显著，进一步证实了跨层次情境因素研究的重要性，在跨层次方法研究下很可能会得出与 OLS 不一致的研究结论。

在产品市场竞争对多样型多元化与民营企业创新战略之间关系的影响方面，只有平均受教育水平与产品市场竞争的交互项和专业背景多元化与产品市场竞争的交互项是显著的，其他均不存在显著调节效应。

董事会平均受教育水平对创新投入的主效应显著为正，与产品市场竞争的交互项的系数为负，说明产品市场竞争对董事会平均受教育水平与民营企业创新战略具有显著调节作用，在竞争激烈的行业，董事会平均受教育水平对民营企业创新战略的促进作用越大，与预期假设相符。董事会团队成员的平均受教育程度越高，越能从复杂事物中看到其本质，也能以更加系统的方式来分析问题，具有较强的信息处理能力，同时对不确定性的容忍度越大。因此，越倾向于增加企业的创新投入。

产品市场竞争对董事会性别多元化、受教育水平多元化和职能背景多元化与民营企业创新战略之间的关系没有显著性影响，即不存在显著的调节作用。这也证实了前面的猜测，董事会性别多元化、受教育水平多元化和职能背景多元化与民营企业创新投入之间可能存在非线性关系，或者存在其他情境因素影响着它们的作用边界。

董事会专业背景多元化与民营企业创新战略的主效应不显著，然而，加入行业竞争调节变量后，专业背景多元化的效应变得显著了，回归系数为负，这证实专业背景多元化对民营企业创新战略的影响随着产品市场竞争程度的变化而变化，并且竞争越激烈的行业，专业背景多元化对民营企业创新战略的影响越大，与预期假设相符。因此，仅仅研究主效应可能会掩盖专业背景多元化与民营企业创新战略的真实关系，有必要考虑外部情境因素。

关于产品市场竞争对不平等型多元化与民营企业创新战略之间关系的影响方面，产品市场竞争对权力层级不平等与民营企业创新战略之间关系不具有显著调节效应，产品市场竞争对地位层级不平等与民营企业创新战略之间关系具有显著调节效应。

董事会权力层级不平等与民营企业创新战略的主效应不显著，产品市场竞争的交互效应也不显著，产品市场竞争对权力层级不平等与民营企业创新战略之间关系没有显著调节效应，预期假设没有得到数据的支持。在前面董事会多元化通过创新战略对民营企业成长影响研究中，权力层级不平等对创新战略均具有显著影响，而在行业环境情境下，变得不再显著，进一步证实了跨层次情境因素研究的重要性。

董事会地位层级不平等与民营企业创新战略的主效应显著负相关，与产品市场竞争交互项的系数显著为负，产品市场竞争对地位不平等与民营企业创新战略之间关系具有显著调节作用。由于文中采用 HHI 衡量产品市场竞争程度，HHI 是逆指标，HHI 越大说明产品市场竞争程度越小，因此，交互项的系数为负值说明是产品市场竞争程度的正向调节，即行业竞争越激烈，董事会地位层级不平等对民营企业创新战略的影响越大，预期假设得到数据的支持。值得注意的是，地位层级不平等与民营企业创新战略的主效应是负相关，产品市场竞争程度对二者关系的调节效应是正向的，因此，仅仅研究主效应可能会掩盖地位不平等与民营企业创新战略的真实关系，有必要考虑外部情境因素，也能进一步解释在前文中董事会地位层级不平等对民营企业创新战略产生负向影响或没有显著影响的原因。

2. 区域经济发展水平的跨层调节效应

研究结果表明，区域特征可以解释民营企业 R&D 支出 5.17% 的方差变动，说明不同区域的民营企业创新投入是不同的，也说明本数据适合做跨层分析。

在区域经济发展水平对分离型多元化与民营企业创新战略之间关系的影响方面，董事会平均年龄对创新投入的主效应不显著，区域经济发展水平的交互效应也不显著，说明区域经济发展水平对董事会平均年龄与民营企业创新战略没有显著调节作用。年龄多元化对创新投入的主效应显著为正，区域经济发展水平的交互效应显著为正，区域经济发展水平对董事会年龄多元化与民营企业创新战略具有显著正向调节作用，在经济越发达的地区，董事会年龄多元化越能促进民营企业创新投入。

在区域经济发展水平对多样型多元化与民营企业创新战略之间关系的影响方面，区域经济发展水平分别对性别多元化、专业背景多元化与民营企业创新战略之间关系具有显著调节作用，而对平均受教育水平、受教育水平多元化和职能背景多元化与民营企业创新战略之间关系没有显著调节作用。

性别多元化对民营企业创新战略的主效应不显著，然而，加入区域经济发展水平调节变量后，董事性别多元化对公司技术创新战略的效应变得显著了。主要是由于区域经济发展水平越高，企业面临的区域环境越完善、资源越丰富，公司越有动力和条件进行技术创新；区域经济发展水平越高，女性拥有更多、更平等的机会接受教育、参与经济，由于性别差异，女性董事往往拥有与男性不同领域的信息和经验，从而增加董事会信息来源的多样化，增加团队之间的交互，促进高质量决策地制定；并且在异性环境下，男性和女性在创造性活动上也会发生异性助长效应，从而激发创造力，促进企业战略决策方案的提出和制定，提高企业创新投入的可能性。这一结论也表明女性董事对公司创新投入的影响并非稳定而系统，仅研究主效应可能会掩盖女性董事与公司创新投入之间的真实关系，因此，有必要研究情境因素的影响。

另外，基于坎特（Kanter，1977）的关键众人理论（critical mass theory），在女性比例偏低的团队中，女性仅仅被视为"符号"，符号是焦点但是他们往往被忽略，然而，女性对团队绩效的影响存在临界值，超过这个临界值女性不再被视为"外人"或"符号"，能够对团队交互的内容和过程产生实质性影响。如果女性董事对公司决策和公司绩效产生影响，这个临界值应该达到。已有文献证实了这种观点，例如，克雷默等（Kramer et al.，2006）指出，"当公司有三个或更多女性担任董事时魔力才会发生"。康拉德、克雷默和埃尔库特（Konrad，Kramer and Erkut，2008）开发了表示女性数值的三个维度——一个女人、两个女人、三个女人，他们认为三个或更多女性是"正常化"的临界值，在这个范围内性别不再是沟通的障碍，女性董事感觉更舒适、是被支持的，也能更自由地提出问题和更活跃地参与。托尔基亚等（2011）实证验证了女性董事对公司创新决策的影响存在临界值，研究发现至少3名女性董事才能提升公司创新投入水平。李长娥和谢永珍（2016）研究也表明女性董事对民营企业创新决策的影响存在临界值。鉴于此，本书构造虚拟变量Nwomen来测度女性董事数量，公司有3名及以上女性董事时取值为 1，否则为 0，再次对回归模型进行分析。研究结果表明，Nwomen 与民营企业创新战略的主效应显著，区域经济发展水平与 Nwomen 的交互项显著为正，与采用 Bgen 进行回归的结果相一致。这表明在我国经济发达地区，公司拥有至少 3 名女性董事才能对创新战略发挥实质性的促进作用。拥有至少 3 名女性董事能使董事会结构更加多元化，并促进少数群体与多数群体之间的交互，从而促使董事会形成高质量的决策。

董事会平均受教育水平对创新投入的主效应显著为正，区域经济发展水平的交互效应不显著，说明区域经济发展水平对董事会平均受教育水平与民营企业创新战略没有显著调节作用，预期假设没有得到数据的支持。虽然交互项不显著，但是两者的关系仍然显著正相关。不论所处区域环境如何，董事会平均受教育水平对民营企业创新战略有明显的促进作用，与前文中董事会多元化通过创新战略对公司成长影响的研究结论一致。

区域经济发展水平对董事会受教育水平多元化、职能背景多元化与民营企业创新战略均没有显著性影响，即不具有显著的调节作用。可能是由于董事会受教育水平多元化和职能背景多元化与民营企业创新战略之间可能存在非线性关系，或者存在其他情境因素影响着二者的作用边界。

董事会专业背景多元化与民营企业创新战略的主效应不显著，然而，加入区域经济发展水平调节变量后，专业背景多元化的效应变得显著了，回归系数为正，这证实专业背景多元化对民营企业创新战略的影响随着区域经济发展水平程度的变化而变化，并且经济越发达的地区，专业背景多元化对民营企业创新战略的影响越大，与预期假设相符。因此，仅仅研究主效应可能会掩盖专业背景多元化与民营企业创新战略的真实关系，有必要考虑外部情境因素。

关于区域经济发展水平对不平等型多元化与民营企业创新战略之间关系的影响方面，区域经济发展水平均对权力层级不平等、地位层级不平等与民营企业创新战略之间关系均不具有显著调节效应。

董事会权力层级不平等与民营企业创新战略的主效应显著正相关，加入区域经济发展水平这一调节变量后，虽然交互项不显著，但是两者的关系仍然显著正相关。不论所处区域环境如何，董事会权力层级不平等程度对民营企业创新战略有明显的促进作用，与前文中董事会多元化通过创新战略对公司成长影响的研究结论一致，在高权力距离的中国，董事会正式权力越集中，越能促进团队内部的明确分工，简化董事之间的交互，从而形成更好的团队协同效应，进而提升公司创新战略制定的效率。

区域经济发展水平对地位层级不平等与民营企业创新战略之间关系没有显著调节效应，预期假设没有得到数据的支持。地位层级不平等与民营企业创新战略的主效应也不显著，但是在产品市场竞争情境因素下具有显著的正向调节作用，因此，本书认为地位层级不平等与民营企业创新战略之间关系不稳定，在很大程度上会受到外部情境因素的影响，并且在不同情境下影响的方向和程度会有所差异。

5.6　本章小结

本章以 2011 ~ 2015 年我国 562 家民营上市公司为研究样本，从非线性和线性两个视角，分别运用 SPSS 的宏文件 MEDCURVE 和 PROCESS 对董事会多元化、创新战略和公司短期成长、长期成长的研究假设进行实证检验，运用 bootstrap 技术对董事会多元化通过创新战略对与公司短期成长的瞬间间接效应进行估值并获取置信区间，以及对董事会多元化通过创新战略对与公司长期成长的间接效应进行估值并获取置信区间。运用 HLM 验证情境因素对董事会多元化与创新战略之间关系的研究假设进行实证检验。本章的实证分析得到以下结论。

第一，民营上市公司董事会多元化通过创新战略对短期成长和长期成长有所差异。董事会年龄多元化、平均受教育水平、权力层级不平等和地位层级不平等通过创新战略影响着民营企业短期成长，董事会年龄多元化、平均年龄、平均受教育水平、职能背景多元化和权力不平等通过创新战略影响着民营企业长期成长。

第二，民营上市公司创新战略对短期成长和长期成长的影响不同。创新战略与短期成长呈 U 型关系，随着创新投入的不断增加，民营企业短期成长呈现先下降后上升的趋势。创新战略与长期成长呈正向线性关系，这说明随着不断的技术创新投入，民营企业的价值会得以提升。

第三，创新战略在董事会多元化与民营上市公司短期成长、长期成长之间分别起到非线性中介和线性中介的作用。创新战略在董事会多元化与短期成长之间的中介效应并不是固定的常数，而是随着董事会多元化变量的取值而发生改变，即创新战略在董事会多元化与民营企业短期成长之间起着非线性中介作用。而创新战略在董事会多元化与长期成长之间的中介效应是固定的常数，起着线性中介作用。

第四，民营上市公司董事会多元化对创新战略的影响受到情境因素的影响。行业环境和区域环境作为重要的外部治理机制，影响着董事会多元化对民营企业创新战略的作用边界，是一个非常重要且不容忽视的影响因素。

第6章　研究结论与展望

6.1　研究结论与启示

6.1.1　研究结论

本书研究董事会多元化通过创新战略对民营企业成长的影响，以及情境因素对董事会多元化与创新战略关系的影响。采用2011～2015年民营上市公司的面板数据，根据董事会多元化、创新战略对公司成长的传导机制，提出研究假设，运用SPSS宏文件MED-CURVE和PROCESS验证创新战略对董事会多元化与公司成长的中介作用，运用HLM验证情境因素对董事会多元化与创新战略关系的跨层调节作用，主要得出以下结论。

（1）董事会多元化通过创新战略对民营企业短期成长和长期成长的影响有所差异。基于资源基础理论、资源依赖理论、高层梯队理论和组织层级理论，分别从不同视角为董事会多元化结构与民营企业成长之间的关系提供了理论基础。在董事会多元化—创新战略—短期成长的理论框架中，董事会可以通过增加年龄多元化、提升成员的受教育水平、增加权力层级不平等程度和降低地位层级不平等来促进创新战略；在董事会多元化—创新战略—长期成长的理论框架中，董事会可以通过增加年龄多元化、提高团队受教育水平、增加权力层级不平等程度和降低团队平均年龄、减少职能背景多元化来促进创新战略。由此可见，在短期成长和长期成长的不同框架中，对创新战略产生显著影响的董事会多元化结构是不同的。民营企业可根据自身的发展状况制定企业目标，据此完善董事会成员结构。

（2）创新战略与民营上市公司短期成长呈 U 型关系，目前处于 U 型曲线的前半段。企业成长是通过创新、变革等手段整合企业资源进而促进企业持续成长的一个动态过程，公司的创新战略对公司的持续成长起到决定性作用。文章以 R&D 支出占销售收入之比作为创新战略的代理变量，以销售收入增长率衡量短期成长，研究发现，创新战略与民营企业短期成长之间存在 U 型关系，这表明创新投入对营业额的提升存在"阈值"，在未达到"阈值"之前，创新投入由于极大的风险对短期成长会产生抑制作用，然而，随着投入资金的不断增加，风险逐渐降低，其成果也会逐渐显现。另外，结合董事会多元化、创新战略与短期成长的实证结论，董事会年龄多元化、平均受教育水平和权力层级不平等与创新战略正相关，地位不平等与创新战略负相关，而董事会年龄多元化、平均受教育水平和权力层级不平等通过创新战略对短期成长的瞬间间接效应均为负值，地位层级不平等通过创新战略对短期成长的瞬间间接效应为正值，表明目前创新战略对民营企业短期成长的影响处于 U 型曲线的前半段，也就是民营上市公司的创新投入水平仍然偏低，不能体现对企业销售收入的促进作用。

（3）创新战略与民营上市公司长期成长呈正相关关系。本书以 R&D 投入占销售收入之比作为创新战略的代理变量，以企业价值增长率衡量长期成长，研究发现，创新战略与民营企业长期成长之间存在正相关关系，只要企业不断进行创新活动，企业价值就会得到不断的提升。因此，对于民营上市公司来说不能急于求成，要有长远的发展眼光，在确定正确的投入方向的前提下，保证持续充足的技术创新资源投入，耐心等待技术创新对企业的可持续发展发挥作用。

（4）创新战略在董事会多元化与公司短期成长、长期成长之间分别存在非线性和线性中介效应。基于高层梯队理论，本书提出创新战略在董事会多元化与民营企业短期成长和长期成长之间存在中介效应的假设，分别体现为非线性中介和线性中介。文章运用海斯和普瑞奇（2011）提出的非线性中介效应检验方法，验证了创新战略对董事会多元化与民营企业短期成长之间的非线性中介作用。研究发现，董事会年龄多元化、平均受教育水平、权力层级不平等和地位层级不平等通过创新战略对短期成长产生显著影响，由于创新战略与短期成长存在 U 型关系，因此，创新战略在董事会多元化与短期成长之间的中介效应并不是固定的常数，而是随着董事会多元化变量的取值而发生改变，即存在非线性的中介作用。

运用温忠麟和叶宝娟（2014）提出的线性中介效应流程，验证了创新战略对董事会多元化与民营企业长期成长之间的线性中介作用。研究发现，董事会年龄多元化、平均年龄、平均受教育水平、职能背景多元化和权力层级不平等通过创新战略对长期成长产生显著影响，而创新战略在性别多元化、受教育水平多元化、专业背景多元化和地位层级不平等与长期成长之间不存在显著的中介效应。因此，民营上市公司可以通过提高董事会成员年龄多元化、受教育水平、权力层级不平等程度和降低平均年龄、董事职能背景多元化来促进创新战略从而提升企业价值的增长。

（5）董事会多元化与民营企业创新战略的关系受到外部情境因素的影响。良好的公司治理需要内部治理结构和外部治理环境的共同作用，本书主要考虑两个重要的情境——产品市场竞争和区域经济发展水平，对董事会多元化与创新战略关系的影响。由于民营上市公司的数据嵌套于各自行业（或区域）之中，数据处于不同层次，因此，采用多层线性模型 HLM 对数据进行分析。研究发现，行业特征可以解释民营企业 R&D 支出 10.58% 的方差变动，区域特征可以解释民营企业 R&D 支出 5.17% 的方差变动，说明该数据适合运用 HLM 方法。回归结果表明，产品市场竞争对董事会平均受教育水平、专业背景多元化和地位层级不平等与创新战略的关系存在显著调节效应，产品市场竞争越激烈，董事会平均受教育水平、专业背景多元化和地位不平等对民营企业创新战略的促进作用越大。区域经济发展水平对董事会年龄多元化、性别多元化和专业背景多元化与创新战略的关系存在显著调节效应，区域经济越发达，董事会年龄多元化、性别多元化和专业背景多元化对创新战略的促进作用越大。因此，行业环境和区域环境影响着董事会多元化对民营企业创新战略的作用边界，是非常重要且不容忽视的影响因素。

6.1.2 研究启示

目前，中国经济呈现下行趋势，已进入"新常态"，民营企业对国民生产总值、人口就业、财富创造有着重大贡献，已成为我国国民经济的重要组成部分，是我国国民经济中最为活跃的经济增长点。本书的研究结论对于民营企业优化董事会构成、实现可持续发展与高质量成长具有较为重要的实践价值。根据研究结论，提出以下管理建议。

（1）构建一个高学历、老中青搭配、权力集中的董事会。董事会结构是董事会履行其职能的前提，良好的知识、经验等结构安排是董事会履行战略决策的重要保障。本书建议民营上市公司在选择董事会成员时，要充分考虑新进入成员受教育水平的高低，以及关注董事会成员的年龄结构，旨在建设一个高学历、年龄有层次有梯度的董事会；在权力设置上，民营上市公司的董事长和总经理职位合一，这样更有利于创新战略决策的制定，增加创新资源的投入，进而促进民营企业的近期和长远的发展。只有当民营上市公司认识到董事会多元化带来的优势，并且能够客观地评价和采纳由知识、经验以及有不同人口学特征带来的观点差异时，企业才能构建一个和谐的董事会，从而才能更好地利用董事的技能与资源。

（2）在竞争激烈的行业，民营上市公司应加大引进高学历、专业知识互补的董事，并建立地位层级悬殊的董事会；在经济发达地区，民营上市公司应注重董事"老中青"的合理搭配，至少引进3

名及以上的女性董事，并形成专业背景互补的团队。组织结构的设计取决于所处的情境，在权变视角下，在某一情境下，某种董事会结构是最佳的，而在其他情境下，可能另一种董事会结构更加适用。本书的研究结论表明，在竞争激烈的行业，应加大引进高学历的董事，董事学历越高，越能从复杂事物中看到其本质，也能以更加系统的方式来分析问题，具有较强的信息处理能力，同时对不确定性的容忍度越大；在知识结构上，注意不同专业知识的互补，通过增加专业知识背景的多元化来拓宽董事会战略决策选择的范围，促进民营企业做出创新性的变革；在层级结构上，建立不平等程度较高的地位层级，即清晰的非正式层级，成员之间由于尊重程度差异而形成的隐性的服从顺序越清晰，在激烈的竞争环境中能帮助董事们明确自己的位置，可以最小化董事间非生产性的冲突，提高董事会交互的效率和效益。在经济发达地区，形成"老中青"合理搭配的董事会结构，既能兼顾年老董事丰富的经验又能发挥年轻董事的创新和学习能力；增加董事性别多元化，并意识到任命1名或2名女性董事是不明智的，至少3名女性董事才能使董事会受益于其价值、观点、经验、技能等的多样性，并促进团队之间的交互，从而促进公司做出创新性的变革；增加董事专业背景多元化，引入不同专业背景的人才，能够集众家之所长，使问题的分析、解读更全面，进而促进其创新战略职能的发挥。

（3）树立和培养民营上市公司的创新理念，加大创新资金的投入。全面提高民营上市公司的核心竞争力，民营上市公司就要不断进行技术创新，确保民营经济在经济市场化、国际化的大潮中不落伍。然而，目前我国上市公司研发投资水平偏低，2007年R&D占收入之比为0.36%，2013年该比例略有上升，为0.93%，上市公司低水平的研发导致了国家创新投入的严重不足，中国研发投资占GDP之比仅为1.84%，而韩国、芬兰、日本分别达到了4.03%、3.78%以及3.39%，相比之下，上市公司用于营销支出的费用远远高出研发支出好几倍，决策的短期化必然加大了上市公司可持续发展的风险（谢永珍，2015）。合理的技术创新投入水平和正确的投入方向是有效降低技术创新风险、确保技术创新效益的关键，尤其是目前中国经济呈现下行趋势，民营企业要立足于企业的长期发展，必须转变经济增长方式，通过创新战略克服资源约束，实现可持续发展。

6.2　研究局限与展望

受主观能力和客观资源的限制，本书不可避免地存在一定的局限性，需要在未来研究中不断克服与完善。

（1）本书借鉴哈里森和克莱因（2007）的观点，将董事会多元化分为分离型、多样型和不平等型，并按照该划分标准选取了年龄、性别、受教育水平、专业背景、职能背景、权力和地位等属性进行反映，未能合成综合性多元化指数。主要是考虑对民营企业的实践提出更具操作性的建议，所以选择了基础指标，未来可以在该研究的基础上将基础指标采用层次分析法或功效系数法合成为分离型多元化指数、多样型多元化指数和不平等多元化指数，进一步研究不同类型的董事会多元化对企业战略或绩效的影响。

（2）本书采用 R&D 支出占销售收入之比作为创新战略的代理变量，从资金创新投入视角分析并验证了创新战略在董事会多元化结构与民营企业成长之间的中介效应，以及情境因素对董事会多元化与创新战略关系的调节效应，但未涉及其他方面的投入和创新产出。实际上，创新投入还体现在很多方面，如研发人员的投入。虽然合理的技术创新投入水平是确保技术创新绩效的关键，但创新投入并不等同于创新产出或创新绩效，由于数据的可获得性，研究样本中披露研发人员、创新产出指标（如，专利数量）的公司数较少，导致无法进行实证分析，未来可以在补充相关数据的基础上，进一步丰富本书研究。

（3）本书选取了区域环境和行业环境两个重要的情境因素，探索了二者对董事会多元化与创新战略关系的调节效应，未来可以探索更多层次的情境因素对董事会多元化与创新战略之间关系的影响。权变理论认为，不存在最佳的组织方式，情境因素在确定一个既定"结构"的有效性方面扮演着关键作用（Birkinshaw，Nobel and Ridderstrale，2002），影响组织结构的情境因素有很多，如环境不确定性、制度环境等外部情境因素，以及企业生命周期、企业文化、组织规模、股权结构等内部情境因素。因此，未来可以探索更多层次的情境因素对民营企业技术创新战略的影响。

参 考 文 献

［1］ Adams R, Ferreira D. Women in the boardroom and their impact on governance and performance ［J］. Journal of Financial Economics, 2009, 94 （2）: 291 – 309.

［2］ Agrawal A, Knoeber C R. Do some outside directors play a political role? ［J］. The Journal of Law and Economics, 2001, 44 （1）: 179 – 198.

［3］ Ahern K R, Dittmar A K. The changing of the boards: The impact on firm valuation of mandated female board representation ［J］. The Quarterly Journal of Economics, 2012, 127 （1）: 137 – 197.

［4］ Ahn S, Walker M D. Corporate governance and the spinoff decision ［J］. Journal of Corporate Finance, 2007, 13 （1）: 76 – 93.

［5］ Amason A C. Distinguishing the effects of functional and dysfunctional conflict on strategic decision making: Resolving a paradox for top management teams ［J］. Academy of Management Journal, 1996, 39 （1）: 123 – 148.

［6］ Amit R, Schoemaker P J H. Strategic assets and organizational rent ［J］. Strategic Management Journal, 1993, 14 （1）: 33 – 46.

［7］ Ancona D G, Caldwell D F. Demography and design: Predictors of new product team performance ［J］. Organization Science, 1992, （3）: 321 – 341.

［8］ Anderson C, Brown C E. The functions and dysfunctions of hierarchy ［J］. Research in Organizational Behavior, 2010, （30）: 55 – 89.

［9］ Anderson C, Galinsky A D. Power, optimism, and risk-taking

[J]. European Journal of Social Psychology, 2006, 36 (4): 511 –536.

[10] Anderson R C, Reeb D M, Upadhyay A, et al. The economics of director heterogeneity [J]. Financial Management, 2011, 40 (1): 5 –38.

[11] Anderson R C, Reeb D M. Board composition: Balancing family influence in S&P 500 firms [J]. Administrative Science Quarterly, 2004, 49 (2): 209 –237.

[12] Andrews K. R. Directors' responsibility for corporate strategy [J]. Harvard Business Review, 1980, (58): 30 –42.

[13] Ararat M, Aksu M, Cetin A T. The impact of board diversity on boards' monitoring intensity and firm performance: Evidence from the Istanbul stock exchange [R]. Working paper, 2010.

[14] Bamberger P. From the editors beyond contextualization: Using context theories to narrow the micro-macro gap in management research [J]. Academy of Management Journal, 2008, 51 (5): 839 – 846.

[15] Bammens Y, Voordeckers W, Van Gils A. Boards of directors in family businesses: A literature review and research agenda [J]. International Journal of Management Reviews, 2011, 13 (2): 134 –152.

[16] Bantel K A, Jackson S E. Top management and innovations in banking: Does the composition of the top team make a difference? [J]. Strategic Management Journal, 1989, 10 (S1): 107 –124.

[17] Barker III V L, Mueller G C. CEO characteristics and firm R&D spending [J]. Management Science, 2002, 48 (6): 782 –801.

[18] Barney J, Wright M, Ketchen Jr D J. The resource-based view of the firm: Ten years after 1991 [J]. Journal of Management, 2001, 27 (6): 625 –641.

[19] Barney J. Firm resources and sustained competitive advantage [J]. Journal of Management, 1991, 17 (1): 99 –120.

[20] Baron R M, Kenny D A. The moderator-mediator variable distinction in social psychological research: Conceptual, strategic, and statistical considerations [J]. Journal of Personality and Social Psychology, 1986, 51 (6): 1173.

[21] Barrick M R, Bradley B H, Kristof-Brown A L, et al. The moderating role of top management team interdependence: Implications for real teams and working groups [J]. Academy of Management Journal, 2007, 50 (3): 544 – 557.

[22] Barroso C, Villegas M M, Pérez-Calero L. Board influence on a firm's internationalization [J]. Corporate Governance: An International Review, 2011, 19 (4): 351 – 367.

[23] Beck T, Demirgüç-Kunt A, Maksimovic V. Financial and legal constraints to growth: Does firm size matter? [J]. The Journal of Finance, 2005, 60 (1): 137 – 177.

[24] Bhatt R R, Bhattacharya S. Do Board characteristics impact firm performance? An agency and resource dependency theory perspective [J]. Asia-Pacific Journalof Management Research and Innovation, 2015, 11 (4): 274 – 287.

[25] Birkinshaw J, Nobel R, Ridderstrale J. Knowledge as a contingency variable: Do the characteristics of knowledge predict organization structure? [J]. Organization Science, 2002, 13 (3): 274 – 289.

[26] Bogliacino F, Pianta M. Profits, R&D, and innovation-a model and a test [J]. Industrial and Corporate Change, 2012, 22 (3): 649 – 678.

[27] Bøhren Ø, Strøm R Ø. Governance and politics: Regulating independence and diversity in the board room [J]. Journal of Business Finance & Accounting, 2010, 37 (9 – 10): 1281 – 1308.

[28] Boivie S, Jones C D, Khanna P. Director capabilities, information processing demands and board effectiveness [C]. Academy of

Management Proceedings. 2008, (1): 1 - 6.

[29] Bottazzi G, Dosi G, Lippi M, et al. Innovation and corporate growth in the evolution of the drug industry [J]. International Journal of Industrial Organization, 2001, 19 (7): 1161 - 1187.

[30] Bourgeois LJ, Eisenhardt KM. Strategic decision processes in high velocityenvironments: Four cases in the microcomputer industry [J]. Management Science, 1988, 34 (7): 816 - 835.

[31] Boyd B K, Haynes K T, Zona F. Dimensions of CEO-board relations [J]. Journal of Management Studies, 2011, 48 (8): 1892 - 1923.

[32] Brick I. E, Chidambaran N. K. Board meetings, committee structure, and firm value [J]. Journal of Corporate Finance, 2010, 16 (4).

[33] Campbell K, Vera A M. Female board appointments and firm valuation: Short and long-term effects [J]. Journal of Management & Governance, 2010, 14 (1): 37 - 59.

[34] Campbell K, Vera A M. Gender diversity in the boardroom and firm financial performance [J]. Journal of Business Ethics, 2008, 83 (3): 435 - 451.

[35] Cannella A A, Park J H, Lee H U. Top management team functional background diversity and firm performance: Examining the roles of team member colocation and environmental uncertainty [J]. Academy of Management Journal, 2008, 51 (4): 768 - 784.

[36] Carpenter M A, Fredrickson J W. Top management teams, global strategic posture, and the moderating role of uncertainty [J]. Academy of Management Journal, 2001, 44 (3): 533 - 545.

[37] Carter D A, D'souza F, Simkins B J, et al. The gender and ethnic diversity of US boards and board committees and firm financial performance [J]. Corporate Governance: An International Review, 2010, 18 (5): 396 - 414.

［38］ Carter D A, Simkins B J, Simpson W G. Corporate govern-
ance, board diversity, and firm value ［J］. The Financial Review,
2003, (38): 33 −53.

［39］ Castanias R P, Helfat C E. The managerial rents model:
Theory and empirical analysis ［J］. Journal of Management, 2001, 27
(6): 661 −678.

［40］ Charness G, Gneezy U. Strong evidence for gender differ-
ences in risk taking ［J］. Journal of Economic Behavior and Organiza-
tion, 2012, 83 (1): 50 −58.

［41］ Chen H L. Board capital, CEO power and R&D investment
in electronics firms ［J］. Corporate Governance: An International Re-
view, 2014, 22 (5): 422 −436.

［42］ Chen J, Leung W S, Evans K P. Board gender diversity, in-
novation and firm performance ［R］. Working paper. 2015.

［43］ Child J. Organizational structure, environment and perform-
ance: The role of strategic choice ［J］. Sociology, 1972, 6 (1):
1 −22.

［44］ Choi Mi H, Sul W, Kee Min S. Foreign board membership
and firm value in Korea ［J］. Management Decision, 2012, 50 (2):
207 −233.

［45］ Coad A, Rao R. Innovation and firm growth in high-tech sec-
tors: A quantile regression approach ［J］. Research Policy, 2008, 37
(4): 633 −648.

［46］ Cobey K D, Laan F, Stulp G, et al. Sex differences in risk
taking behavior among Dutch cyclists ［J］. Evolutionary Psychology,
2013, 11 (2): 350 −364.

［47］ Cooper A C, Gimeno-Gascon F J, Woo C Y. Initial human
and financial capital as predictors of new venture performance ［J］.
Journal of Business Venturing, 1994, 9 (5): 371 −395.

[48] Cumming D, Leung T Y, Rui O M. Gender Diversity and Securities Fraud [R]. Working paper. 2012.

[49] Cyert R M, March J G. A behavioral theory of the firm [M]. New Jersey: Wiley Blackwell Press, 1992.

[50] Dahlin KB, Weingart L R, Hinds P J. Team diversity and information use [J]. Academy of Management Journal, 2005, 48 (6): 1107 – 1123.

[51] Daily C M, Dalton D R, Cannella A A. Corporate governance: Decades of dialogue and data [J]. Academy of Management Review, 2003, 28 (3): 371 – 383.

[52] Dalziel T, Gentry R J, Bowerman M. An integrated agency-resource dependence view of the influence of directors' human and relational capital on firms' R&D spending [J]. Journal of Management Studies, 2011, 48 (6): 1217 – 1242.

[53] Dechow P M, Sloan R G. Executive incentives and the horizon problem: An empirical investigation [J]. Journal of Accounting and Economics, 1991, 14 (1): 51 – 89.

[54] Delmar F, Davidsson P, Gartner W B. Arriving at the high-growth firm [J]. Journal of Business Venturing, 2003, 18 (2): 189 – 216.

[55] Diefenbach T, Sillince J A A. Formal and informal hierarchy in different types of organization [J]. Organization Studies, 2011, 32 (11): 1515 – 1537.

[56] Dijk H V, Engen M L V. A status perspective on the consequences of work group diversity [J]. Journal of Occupational and Organizational Psychology, 2013, 86 (2): 223 – 241.

[57] Dwyer S, Richard O C, Chadwick K. Gender diversity in management and firm performance: The influence of growth orientation and organizational culture [J]. Journal of Business Research, 2003, 56 (12): 1009 – 1019.

［58］ Erhardt N L, Werbel J D, Shrader C B. Board of director di-versity and firm financial performance ［J］. Corporate Governance: An International Review, 2003, 11 （2）: 102 – 111.

［59］ Fama E F, Jensen M C. Separation of ownership and control ［J］. The Journalof Law and Economics, 1983, 26 （2）: 301 – 325.

［60］ Farrell K A, Hersch P L. Additions to corporate boards: The effect of gender ［J］. Journal of Corporate Finance, 2005, 11 （1）: 85 – 106.

［61］ Finkelstein S, Hambrick D C, Cannella A A. Strategic lead-ership: Theory andresearch on executives, top management teams, and boards ［M］. Oxford: Oxford University Press, 2009.

［62］ Finkelstein S, Mooney A C. Not the usual suspects: How to use board process to make boards better ［J］. The Academy of Manage-ment Executive, 2003, 17 （2）: 101 – 113.

［63］ Finkelstein S. Power in top management teams: Dimensions, measurement, and validation ［J］. Academy of Management Journal, 1992, 35 （3）.

［64］ Forbes D P, Milliken F J. Cognition and corporate governance: Understanding boards of directors as strategic decision-making groups ［J］. Academy of Management Review, 1999, 24 （3）: 489 – 505.

［65］ Fragale A R, Overbeck J R, Neale M A. Resources versus respect: Social judgments based on targets' power and status positions ［J］. Journal of Experimental Social Psychology, 2011, 47 （4）: 767 – 775.

［66］ Gabrielsson J, Huse M. Context, behavior, and evolution: Challenges in research on boards and governance ［J］. International Studies of Management & Organization, 2004, 34 （2）: 11 – 36.

［67］ Gavin D J. Power in the corporate boardroom: A new dimen-sion in measuring board power ［J］. Journal of Business and Economic

Studies, 2012, 18 (2): 1 – 25.

[68] Geletkanycz M A, Hambrick D C. The external ties of top executives: Implications for strategic choice and performance [J]. Administrative Science Quarterly, 1997, 42 (4): 654 – 681.

[69] Gilbert B A, McDougall P P, Audretsch D B. New venture growth: A review and extension [J]. Journal ofManagement, 2006, 32 (6): 926 – 950.

[70] Gillies J, Dickinson M. The governance of transnational firms: Some preliminary hypotheses [J]. Corporate Governance: An International Review, 1999, 7 (3): 237 – 247.

[71] Goodstein J, Gautam K, Boeker W. The effects of board size and diversity on strategic change [J]. Strategic Management Journal, 1994, 15 (3): 241 – 250.

[72] Goyal V K, Park C W. Board leadership structure and CEO turnover [J]. Journal of Corporate Finance, 2001, 8 (1): 49 – 66.

[73] Granovetter M S. The strength of weak ties [J]. American Journal of Sociology, 1973, 78 (6): 1360 – 1380.

[74] Groysberg B, Bell D. Dysfunction in the boardroom [J]. Harvard Business Review, 2013, 91 (6): 89 – 97.

[75] Groysberg B, Lee L E. Hiring stars and their colleagues: Exploration and exploitation in professional service firms [J]. Organization-Science, 2009, 20 (4): 740 – 758.

[76] Gu L. Product market competition, R&D investment, and stock returns [J]. Journal of Financial Economics, 2016, 119 (2): 441 – 455.

[77] Gul F A, Srinidhi B, Ng A C. Does board gender diversity improve the informativeness of stock prices? [J]. Journal of Accounting and Economics, 2011, 51 (3): 314 – 338.

[78] Hafsi T, Turgut G. Boardroom diversity and its effect on so-

cial performance: Conceptualization and empirical evidence [J]. Journal of Business Ethics, 2013, 112 (3): 463 –479.

[79] Halevy N Y, Chou E D, Galinsky A. A functional model of hierarchy: Why, how, and when vertical differentiation enhances group performance [J]. Organizational Psychology Review, 2011, 1 (1): 32 –52.

[80] Hambrick D C, Mason P A. Upper echelons: The organization as a reflection of its top managers [J]. Academy of Management Review, 1984, 9 (2): 193 –206.

[81] Hambrick D C. Environment, strategy, and power within top management teams [J]. Administrative Science Quarterly, 1981, 26 (2): 253 –275.

[82] Hambrick D C. Upper echelons theory: An update [J]. Academy of Management Review, 2007, 32 (2): 334 –343.

[83] Han J, Han J, Brass D J. Human capital diversity in the creation of social capital for team creativity [J]. Journal of Organizational Behavior, 2014, 35 (1): 54 –71.

[84] Harrison D A, Klein K J. What's the difference? Diversity constructs as separation, variety, or disparity in organizations [J]. Academy of Management Review, 2007, 32 (4): 1199 –1228.

[85] Hart P E, Oulton N. Growth and size of firms [J]. The Economic Journal, 1996, 106 (438): 1242 –1252.

[86] Haslam S A, Ryan M K, Kulich C, et al. Investing with prejudice: The relationship between women's presence on company boards and objective and subjective measures of company performance [J]. British Journal of Management, 2010, 21 (2): 484 –497.

[87] Hausmann R, Tyson L D, Bekhouche Y, et al. The global gender gap index 2012 [C]. World Economic Forum, 2013.

[88] Hayes A F, Preacher K J. Quantifying and testing indirect

effects in simple mediation models when the constituent paths are nonlinear [J]. Multivariate Behavioral Research, 2010, 45 (4): 627 – 660.

[89] He J, Huang Z. Board informal hierarchy and firm financial performance: Exploring a tacit structure guiding boardroom interactions [J]. Academy of Management Journal, 2011, 54 (6): 1119 – 1139.

[90] Hendry K, Kiel G C. The role of the board in firm strategy: Integrating agency and organizational control perspectives [J]. Corporate Governance: An International Review, 2004, 12 (4): 500 – 520.

[91] Hernandez A B, Camelo C, Valle R. The effects of boards of directors on R&D investments: The case of Spain [J]. International Journal of Human Resources Development and Management, 2010, 10 (2): 152 – 165.

[92] Héroux S, Fortin A. Innovation: The influenceof diversity and it competence of boards of directors and executive management [J]. International Journal of Organizational Innovation, 2016, 8 (3): 18 – 43.

[93] Heyden M L M, Oehmichen J, Nichting S, et al. Board background heterogeneity and exploration-exploitation: The role of the institutionally adopted board model [J]. Global Strategy Journal, 2015, 5 (2): 154 – 176.

[94] Higgs D. Review of the role and effectiveness of non-executive directors [M]. London: Department of Trade and Industry, 2003.

[95] Hillman A J, Cannella A A, Paetzold R L. The resource dependence role of corporate directors: Strategic adaptation of board composition in response to environmental change [J]. Journal of Management Studies, 2000, 37 (2): 235 – 256.

[96] Hillman A J, Dalziel T. Board of directors and firm performance: Integrating agency and resource dependence perspectives [J]. Academy of Management Review, 2003, 28 (3): 383 – 396.

[97] Hitt M A, Tyler B B. Strategic decision models: Integrating different perspectives [J]. Strategic Management Journal, 1991, 12 (5): 327 – 351.

[98] Horner S V. Board power and corporate strategic focus: A model of board impact on firm strategy [J]. Journal of Leadership Accountability and Ethics, 2011, 8 (4): 26 – 41.

[99] Hoskisson R E, Hitt M A, Johnson R A, Grossman W. Conflicting voices: The effects of institutional ownership heterogeneity and internal governance on corporate innovation strategies [J]. The Academy of Management Journal, 2002, 45 (4): 697 – 716.

[100] Hsu H E. The relationship between board characteristics and financial performance: An empirical study of United States initial public offerings [J]. International Journal of Management, 2010, 27 (2): 332 – 341.

[101] Huse M, Hoskisson R, Zattoni A, et al. New perspectives on board research: Changing the research agenda [J]. Journal of Management and Governance, 2011, 15 (1): 5 – 28.

[102] Huse M, Zattoni A. Trust, firm life cycle, and actual board behavior: Evidence from "one of the lads" in the board of three small firms [J]. International Studies of Management & Organization, 2008, 38 (3): 71 – 97.

[103] Huse M. Boards, governance and value creation: The human side of corporate governance [M]. Oxford: Cambridge University Press, 2007.

[104] Ibarra H. Personal networks of women and minorities in management: A conceptual framework [J]. Academy of Management Review, 1993, 18 (1): 56 – 87.

[105] Ingley C, Van Der Walt N. Do board processes influence director and board performance? Statutory and performance implications

[J]. Corporate Governance: An International Review, 2005, 13 (5): 632 - 653.

[106] Johnson J L, Daily G M, Ellstrand A E. Boards of directors: A review and research agenda [J]. Journal of Management, 1996, 22 (3): 409 - 438.

[107] Johnson S G, Schnatterly K, Hill A D. Board composition beyond independence: Social capital, human capital, and demographics [J]. Journal of Management, 2013, 39 (1): 232 - 262.

[108] Judge W Q, Zeithaml C P. Institutional and strategic choice perspectives on board involvement in the strategic decision process [J]. Academy of Management Journal, 1992, 35 (4): 766 - 794.

[109] Kang H, Cheng M, Gray S J. Corporate governance and board composition: Diversity and independence of Australian boards [J]. Corporate Governance: An International Review, 2007, 15 (2): 194 - 207.

[110] Kanter R M. Some effects of proportions on group life [J]. American Journal of Sociology, 1977, 82 (5): 965 - 990.

[111] Khanna P, Jones C D, Boivie S. Director human capital, information processing demands, and board effectiveness [J]. Journal of Management, 2014, 40 (2): 557 - 585.

[112] Kiel G C, Nicholson G J. Board composition and corporate performance: How the Australian experience informs contrasting theories of corporate governance [J]. Corporate Governance: An International Review, 2003, 11 (3): 189 - 205.

[113] Kim H, Lim C. Diversity, outside directors and firm valuation: Korean evidence [J]. Journal of Business Research, 2010, 63 (3): 284 - 291.

[114] Kim K H, Rasheed A A. Board heterogeneity, corporate diversification and firm performance [J]. Journal of Management Re-

search, 2014, 14 (2): 121 – 139.

[115] Konrad A M, Kramer V, Erkut S. Critical mass: The impact of three or more women on corporate boards [J]. Organizational Dynamics, 2008, 37 (2): 145 – 164.

[116] Kramer V W, Konrad A M, Erkut S, et al. Critical mass on corporate boards: Why three or more women enhance governance [M]. Boston: Wellesley Centers for Women, 2006.

[117] Krugman P. Increasing returns and economic geography [J]. Journal of Political Economy, 1991, 99 (3): 483 – 499.

[118] Lang L H P, Stulz R M. Tobin's q, corporate diversification, and firm performance [J]. Journal of Political Economy, 1994, 102 (6): 1248 – 1280.

[119] Lang L, Ofek E, Stulz R M. Leverage, investment, and firm growth [J]. Journal of Financial Economics, 1996, 40 (1): 3 – 29.

[120] Lawrence B. The black box of organizational demography [J]. Organization Science, 1997, 8 (1): 1 – 22.

[121] Machold S, Huse M, Minichilli A, et al. Board leadership and strategy involvement in small firms: A team production approach [J]. Corporate Governance: An International Review, 2011, 19 (4): 368 – 383.

[122] Macus M. Board capability: An interactions perspective on boards of directors and firm performance [J]. International Studies of Management and Organization, 2008, 38 (3): 98 – 116.

[123] Magee J C, Galinsky A D. Social Hierarchy: The self-reinforcing nature of power and status [J]. The Academy of Management Annals, 2008, 2 (1): 351 – 398.

[124] Mahadeo J D, Soobaroyen T, Hanuman V O. Board composition and financial performance: Uncovering the effects of diversity in an emerging economy [J]. Journal of Business Ethics, 2012, 105 (3):

375 – 388.

[125] Masulis R W, Wang C, Xie F. Globalizing the boardroom—the effects of foreign directors on corporate governance and firm performance [J]. Journal of Accounting and Economics, 2012, 53 (3): 527 – 554.

[126] McKelvie A, Wiklund J. Advancing firm growth research: A focus on growth mode instead of growth rate [J]. Entrepreneurship Theory and Practice, 2010, 34 (2): 261 – 288.

[127] McNulty T, Pettigrew A. Strategists on the board [J]. Organization Studies, 1999, 20 (1): 47 – 74.

[128] Mercier-Suissa C, Aziz M. Boardroom diversity and its effect on social performance [J]. EuroMed Journal of Management, 2015, 1 (1): 57 – 69.

[129] Miller T, Triana M C. Demographic diversity in the boardroom: Mediators of the board diversity-firm performance relationship [J]. Journal of Management Studies, 2009, 46 (5): 755 – 784.

[130] Milliken F J, Martins L L. Searching for common threads: Understanding the multiple effects of diversity in organizational groups [J]. Academy of Management Review, 1996, 21 (2): 402 – 433.

[131] Morck R, Wolfenzon D, Yeung B. Corporate governance, economic entrenchment, and growth [J]. Journal of Economic Literature, 2005, 43 (3): 655 – 720.

[132] Murray A I. Top management group heterogeneity and firm performance [J]. Strategic Management Journal, 1989, 10 (S1): 125 – 141.

[133] Nadler D A, Behan B A, Nadler M B. Building better boards: A blueprint for effective governance [M]. John Wiley & Sons, 2011.

[134] Nielsen S, Huse M. Women directors' contribution to board

decision-making and strategic involvement: The role of equality perception [J]. European Management Review, 2010, 7 (1): 16 – 29.

[135] Nielsen S. , Huse M. , Minichilli A. , Zattoni A. Board diversity and firm performance: An empirical investigation of the mediating effects of board process and task performance [C]. Academy of Management Annual Meeting Proceedings, 2008: 1 – 6.

[136] Nunes P M, Serrasqueiro Z, Leitão J. Is there a linear relationship between R&D intensity and growth? Empirical evidence of non-high-tech vs. high-tech SMEs [J]. Research Policy, 2012, 41 (1): 36 – 53.

[137] Ong C H, Lee S H. Board functions and firm performance: A review and directions for future research [J]. Journal of Comparative International Management, 2000, 3 (1): 3 – 24.

[138] Ovidiu-Niculae B, Lucian C E, Cristiana P. A multi-theory approach of the strategic role of boards [J]. Studies in Business & Economics, 2012, 7 (2): 43 – 51.

[139] Oxelheim L, Randøy T. The impact of foreign board membership on firm value [J]. Journal of Banking & Finance, 2003, 27 (12): 2369 – 2392.

[140] Pelled L H, Eisenhardt K M, Xin K R. Exploring the black box: An analysis of work group diversity, conflict and performance [J]. Administrative Science Quarterly, 1999, 44 (1): 1 – 28.

[141] Penrose, E T. The Theory of the Growth of the Firm [M]. Oxford: Oxford University Press, 1959.

[142] Pettigrew A. On studying managerial elites [J]. Strategic Management Journal, 1992, 13 (S2): 163 – 182.

[143] Pfeffer J, Salancik G R. The external control of organizations: A resource dependence approach [M]. New York: Harper and Row Publishers, 1978.

[144] Pfeffer J. Power in organizations [M]. Marshfield, MA: Pitman, 1981.

[145] Phipps S A, Burton P S. What's mine is yours? The influence of male and female incomes on patterns of household expenditure [J]. Economica, 1998, 65 (260): 599 –613.

[146] Platt H, Platt M. Corporate board attributes and bankruptcy [J]. Journal of Business Research, 2012, 65 (8): 1139 –1143.

[147] Post C, Byron K. Women on boards and firm financial performance: A meta-analysis [J]. Academy of Management Journal, 2015, 58 (5): 1546 –1571.

[148] Priem R L, Lyon D W, Dess G G. Inherent limitations of demographic proxies in top management team heterogeneity research [J]. Journal of Management, 1999, 25 (6): 935 –953.

[149] Pugliese A, Bezemer P J, Zattoni A, et al. Boards of directors' contribution to strategy: A literature review and research agenda [J]. Corporate Governance: An International Review, 2009, 17 (3): 292 –306.

[150] Pye A, Pettigrew A. Studying board context, process and dynamics: Some challenges for the future [J]. British Journal of Management, 2005, 16 (s1): 27 –38.

[151] Pye A. The importance of context and time for understanding board behavior some lessons from social capital research [J]. International Studies of Management and Organization, 2004, 34 (2): 63 –89.

[152] Richard O C. Racial diversity, business strategy, and firm performance: Aresource-based view [J]. Academy of Management Journal, 2000, 43 (2): 164 –177.

[153] Rindova V P. What corporate boards have to do with strategy: A cognitive perspective [J]. Journal of Management Studies, 1999,

36 (7): 953 –975.

[154] Robertson C, Fadil P A. Ethical decision making in multi-national organizations: A culture-based model [J]. Journal of Business Ethics, 1999, 19 (4): 385 – 392.

[155] Rose C. Does female representation influence firm perform-ance? The Danish evidence [J]. Corporate Governance: An International Review, 2007, 15 (2): 404 – 413.

[156] Ruigrok W, Peck S I, Keller H. Board characteristics and involvement in strategic decision making: Evidence from Swiss companies [J]. Journal of Management Studies, 2006, 43 (5): 1201 – 1226.

[157] Sherman H D, Kashlak R J, Joshi M P. The effect of the board and executive committee characteristics on the degree of interna-tionalization [J]. Journal of International Management, 1998, 4 (4): 311 – 335.

[158] Shrader C B, Blackburn V B, Iles P. Women in manage-ment and firm financial performance: An exploratory study [J]. Journal of Managerial Issues, 1997 (9): 355 – 372.

[159] Singh M, Mathur I, Gleason K C. Governance and perform-ance implications of diversification strategies: Evidence from large US firms [J]. Financial Review, 2004, 39 (4): 489 – 526.

[160] Singh V, Vinnicombe S, Johnson P. Women directors on top UK boards [J]. Corporate Governance: An International Review, 2001, 9 (3): 206 – 216.

[161] Singh V. Ethnic diversity on top corporate boards: A re-source dependency perspective [J]. International Journal of Human Re-source Management, 2007, 18 (12): 2128 – 2146.

[162] Sirmon D G, Hitt M A. Managing resources: Linking u-nique resources, management, and wealth creation in family firms [J]. Entrepreneurship Theoryand Practice, 2003, 27 (4): 339 – 358.

[163] Sitthipongpanich T, Polsiri P. Who's on board? Influence of diversity and network of Thai boards of directors on firm value [J]. Journal of Applied Business Research, 2013, 29 (6): 1763 – 1780.

[164] Smith A, Houghton S M, Hood J N, et al. Power relationships among top managers: Does top management team power distribution matter for organizational performance? [J]. Journal of Business Research, 2006, 59 (5): 622 – 629.

[165] Smith K G, Collins C J, Clark K D. Existing knowledge, knowledge creation capability, and the rate of new product introduction in high-technology firms [J]. Academy of Management Journal, 2005, 48 (2): 346 – 357.

[166] Solvay J, Sanglier M. A model of the growth of corporate productivity [J]. International Business Review, 1998, 7 (5): 463 – 481.

[167] Staples C L. Board globalisation in the world's largest TNCs 1993 – 2005 [J]. Corporate Governance: An International Review, 2007, 15 (2): 311 – 321.

[168] Stasser G, Titus W. Hidden profiles: A brief history [J]. Psychological Inquiry, 2003, 14 (3 – 4): 304 – 313.

[169] Stiles P, Taylor B. Boards at work: How directors view their roles and responsibilities [M]. New York: Oxford University Press, 2001.

[170] Talke K, Salomo S, Rost K. How top management team diversity affects innovativeness and performance via the strategic choice to focus on innovation fields [J]. Research Policy, 2010, 39 (7): 907 – 918.

[171] Terjesen S, Aguilera R V, Lorenz R. Legislating a woman's seat on the board: Institutional factors driving gender quotas for boards of directors [J]. Journal of Business Ethics, 2015, 128 (2): 233 – 251.

[172] Thatcher S M B, Jehn K A, Zanutto E. Cracks in diversity research: The effects of diversity faultlines on conflict and performance

[J]. Group Decision and Negotiation, 2003, 12 (3): 217 – 241.

[173] Tian G Y, Twite G. Corporate governance, external market discipline and firm productivity [J]. Journal of Corporate Finance, 2011, 17 (3): 403 – 417.

[174] Torchia M, Calabrò A, Huse M. Women directors on corporate boards: From tokenism to critical mass [J]. Journal of Business Ethics, 2011, 102 (2): 299 – 317.

[175] Tuggle C S, Schnatterly K, Johnson R A. Attention patterns in the boardroom: How board composition and processes affect discussion of entrepreneurial issues [J]. Academy of Management Journal, 2010, 53 (3): 550 – 571.

[176] Tyler B B, Steensma H K. The effects of executives' experiences and perceptions on their assessment of potential technological alliances [J]. Strategic Management Journal, 1998, 19 (10): 939 – 965.

[177] Ujunwa A, Okoyeuzu C, Nwakoby I. Corporate board diversity and firm performance: Evidence from Nigeria [J]. Revista de Management Comparat International, 2012, 13 (4): 605 – 620.

[178] Useem M, Karabel J. Pathways to top corporate management [J]. American Sociological Review, 1986, 51 (2): 184 – 200.

[179] Van den Berghe L A A, Levrau A. Evaluating boards of directors: What constitutes a good corporate board? [J]. Corporate Governance: An International Review, 2004, 12 (4): 461 – 478.

[180] Van den Heuvel J, Van Gils A, Voordeckers W. Board roles in small and medium-sized family businesses: Performance and importance [J]. Corporate Governance: An International Review, 2006, 14 (5): 467 – 485.

[181] Van der Walt N, Ingley C. Board dynamics and the influence of professional background, gender and ethnic diversity of directors [J]. Corporate Governance: An International Review, 2003, 11 (3):

218 – 234.

[182] Vera A M, Martin A. Gender and management on Spanish SMEs: An empirical analysis [J]. The International Journal of Human Resource Management, 2011, 22 (14): 2852 – 2873.

[183] Wagner W G, Pfeffer J, O'Reilly III C A. Organizational demography and turnover in top-management group [J]. Administrative Science Quarterly, 1984: 29 (1): 74 – 92.

[184] Westphal H, Surholt I, Kiesl C, et al. NMR measurements in carbonate rocks: Problems and an approach to a solution [J]. Pure and Applied Geophysics, 2005, 162 (3): 549 – 570.

[185] Wiersema M F, Bantel K A. Top management team demography and corporate strategic change [J]. Academy of Management Journal, 1992, 35 (1): 91 – 121.

[186] Wiklund J, Patzelt H, Shepherd D A. Building an integrative model of small business growth [J]. Small Business Economics, 2009, 32 (4): 351 – 374.

[187] Wincent J, Anokhin S, Örtqvist D. Does network board capital matter? A study of innovative performance in strategic SME networks [J]. Journal of Business Research, 2010, 63 (3): 265 – 275.

[188] Wintoki M B, Linck J S, Netter J M. Endogeneity and the dynamics of internal corporate governance [J]. Journal of Financial Economics, 2012, 105 (3): 581 – 606.

[189] Yermack D. Flights of fancy: Corporate jets, CEO perquisites, and inferior shareholder returns [J]. Journal of Financial Economics, 2006, 80 (1): 211 – 242.

[190] Zahra S A, Pearce J A. Boards of directors and corporate financial performance: a review and integrative model [J]. Journal of Management, 1989, 15 (2): 291 – 334.

[191] Zenger T R, Lawrence B S. Organizational demography: The

differential effects of age and tenure distributions on technical communication [J]. Academy of Management journal, 1989, 32 (2): 353 –376.

［192］Zhang P. Board information and strategic tasks performance [J]. Corporate Governance: An International Review, 2010, 18 (5): 473 – 487.

［193］Zhao X, Lynch J G, Chen Q. Reconsidering Baron and Kenny: Myths and truths about mediation analysis [J]. Journal of Consumer Research, 2010, 37 (2): 197 –206.

［194］Zhou H, de Wit G. Determinants and dimensions of firm growth [R]. Working paper. 2009.

［195］Zona F, Zattoni A, Minichilli A. A contingency model of boards of directors and firm innovation: The moderating role of firm size [J]. British Journal of Management, 2013, 24 (3): 299 –315.

［196］Zona F, Zattoni A. Beyond the black box of demography: Board processes and task effectiveness within Italian firms [J]. Corporate Governance: AnInternational Review, 2007, 15 (5): 852 –864.

［197］鲍新中, 李晓非. 基于时序数据的高技术企业成长性分析 [J]. 科学学研究, 2010, 28 (2): 275 –281.

［198］蔡鑫磊, 李勤. A 股市场制造业上市公司无形资产与企业成长性关系研究 [J]. 财会月刊, 2010 (5): 10 –11.

［199］岑成德. 上市公司成长性的实证研究 [J]. 商业研究, 2002 (15): 32 –34.

［200］曾江洪, 肖涛. 董事会非正式层级、技术董事与技术创新绩效 [J]. 科技与经济, 2015, 28 (3): 1 –5.

［201］曾萍, 邬绮虹. 女性参与高管团队对企业绩效的影响: 回顾与展望 [J]. 经济管理, 2012, 34 (1): 190 –199.

［202］陈丽霖, 秦博. 董事会治理与财务风险关系——来自战略性新兴产业的经验证据 [J]. 社会科学家, 2015 (4): 68 –72.

［203］陈霞, 马连福. 公司治理水平、企业成长与企业价值的

关系研究：内部控制视角 [J]. 预测，2015，34（6）：28-32.

[204] 陈晓红，李喜华，曹裕. 技术创新对中小企业成长的影响——基于我国中小企业板上市公司的实证分析 [J]. 科学学与科学技术管理，2009，30（4）：91-98.

[205] 陈忠卫，常极. 高管团队异质性、集体创新能力与公司绩效关系的实证研究 [J]. 软科学，2009，23（9）：78-83.

[206] 丁宇，王卫江，李文胜等. 创新型企业文化对企业成长的影响：战略能力的中介作用——以新疆科技型中小企业为例 [J]. 科技与经济，2015（2）：31-35.

[207] 杜传忠，郭树龙. 经济转轨期中国企业成长的影响因素及其机理分析 [J]. 中国工业经济，2012（11）：97-109.

[208] 杜晓光，戴泽光，李鑫. 基于股权制衡视角的董事会特征与中小企业成长研究 [J]. 财会通讯，2013（9）：73-76.

[209] 杜颖洁，杜兴强. 女性董事、法律环境与企业社会责任——基于中国资本市场的经验证据 [J]. 当代会计评论，2014，7（1）：90-121.

[210] 范建红，陈怀超. 董事会社会资本对企业研发投入的影响研究——董事会权力的调节效应 [J]. 研究与发展管理，2015，27（5）：22-33.

[211] 封伟毅，李建华，赵树宽. 技术创新对高技术产业竞争力的影响——基于中国1995—2010年数据的实证分析 [J]. 中国软科学，2012（9）：154-164.

[212] 冯皓，晏月平. 民族欠发达地区女性人力资本投资分析 [J]. 学术论坛，2007，30（9）：127-132.

[213] 高鹤. 商业上市公司成长性对负债融资影响的实证研究 [J]. 商业研究，2006（9）：147-152.

[214] 高楠. 境外背景独立董事的有效性研究——基于独立董事投票行为的视角 [D]. 天津：南开大学，2012.

[215] 龚红，宁向东，崔涛. 董事会对公司战略过程评价：逻

辑框架与指标体系 [J]. 南开管理评论, 2007, 10 (5): 26-30.

[216] 郝云宏, 甘甜, 林仙云. 独立董事的身份对企业绩效的影响 [J]. 管理学报, 2014, 11 (4): 520-524.

[217] 郝云宏, 周翼翔. 董事会结构、公司治理与绩效——基于动态内生性视角的经验证据 [J]. 中国工业经济, 2010 (5): 110-120.

[218] 何强, 陈松. 董事会学历分布与 R&D 投入: 基于制造业上市公司的实证研究 [J]. 软科学, 2011, 25 (2): 121-126, 144.

[219] 贺小刚, 沈瑜. 创业型企业的成长: 基于企业家团队资本的实证研究 [J]. 管理世界, 2008 (1): 82-95.

[220] 黄蕾. 产品市场竞争、董事会与企业技术创新的实证检验 [J]. 金融与经济, 2011 (9): 54-57.

[221] 黄文锋, 张建琦. 董事会权力等级、战略性资源配置变动与公司绩效 [J]. 中山大学学报 (社会科学版), 2016, 56 (4): 192-201.

[222] 黄昕, 李常洪, 薛艳梅. 高管团队知识结构特征与企业成长性关系——基于中小企业板块上市公司的实证研究 [J]. 经济问题, 2010, 366 (2): 89-94.

[223] 纪成君, 张爽. 人力资本对董事会战略参与的影响研究——基于深市创业板企业的数据分析 [J]. 西安财经学院学报, 2015 (2): 59-64.

[224] 蒋美云. 中国上市公司成长: 行业结构与影响因素 [J]. 上海经济研究, 2005 (7): 60-65.

[225] 金盛华, 张杰. 当代社会心理学导论 [M]. 北京: 北京师范大学出版社, 1995: 397-402.

[226] 况学文, 彭迪云, 林妮. 女性董事改善了公司财务绩效? ——基于我国上市公司的经验证据 [J]. 江西社会科学, 2012, 32 (4): 218-223.

[227] 雷辉, 刘鹏. 中小企业高管团队特征对技术创新的影

响——基于所有权性质视角 [J]. 中南财经政法大学学报, 2013 (4): 149 - 156.

[228] 李定珍, 唐红涛, 杨璠. 我国上市零售企业成长性评价实证研究——基于因子分析法 [J]. 财贸经济, 2007 (11): 77 - 81.

[229] 李国栋, 薛有志. 董事会战略参与效应及其影响因素研究 [J]. 管理评论, 2011, 23 (3): 98 - 106.

[230] 李国栋, 周鹏. 国际化战略管理中的董事会背景特征效用研究 [J]. 现代管理科学, 2013 (9): 40 - 42.

[231] 李洪, 李倩. 独立董事治理特征与公司绩效 [J]. 经济管理, 2010 (7): 36 - 43.

[232] 李洪亚. R&D、企业规模与成长关系研究——基于中国制造业企业数据: 2005—2007 [J]. 世界经济文汇, 2014 (3): 98 - 120.

[233] 李辉, 张晓明. 董事会治理, 产品市场竞争与公司治理效率 [J]. 西安财经学院学报, 2012, 25 (1): 66 - 70.

[234] 李龙筠, 刘晓川. 资产结构、地区经济与企业创新能力——来自中国创业板市场的证据 [J]. 中央财经大学学报, 2011 (5): 45 - 49.

[235] 李民. 上市公司董事年龄异质性与业绩波动实证研究 [J]. 预测, 2012, 31 (5): 64 - 67.

[236] 李巍, 许晖. 企业家特质、能力升级与国际新创企业成长 [J]. 管理学报, 2016, 13 (5): 715 - 724.

[237] 李维安, 刘振杰, 顾亮. 董事会异质性、断裂带与跨国并购 [J]. 管理科学, 2014, 27 (4): 1 - 11.

[238] 李维安, 刘振杰, 顾亮等. 基于风险视角的董事会相对权力与产品市场竞争力关系研究 [J]. 管理学报, 2014, 11 (11): 1622 - 1630.

[239] 李维安, 牛建波, 宋笑扬. 董事会治理研究的理论根源及研究脉络评析 [J]. 南开管理评论, 2009, 12 (1): 130 - 145.

[240] 李小青, 胡朝霞. 科技创业企业董事会认知特征对技术创

新动态能力的影响研究 [J]. 管理学报, 2016, 13 (2): 248 - 257.

[241] 李小青, 孙银风. 商业银行董事会异质性、金融创新与财务绩效——基于沪深两市上市银行 10 年的证据 [J]. 金融理论与实践, 2014 (6): 44 - 50.

[242] 李小青, 周建. 董事会信息异质性对企业 R&D 支出的影响研究——基于沪深两市高科技行业上市公司的经验证据 [J]. 软科学, 2012, 27 (7): 113 - 117.

[243] 李小青. 董事会认知异质性对企业价值影响研究——基于创新战略中介作用的视角 [J]. 经济与管理研究, 2012 (8): 14 - 22.

[244] 李长娥, 谢永珍. 产品市场竞争、董事会异质性对技术创新的影响——来自民营上市公司的经验证据 [J]. 华东经济管理, 2016, 30 (8): 115 - 123.

[245] 李长娥, 谢永珍. 区域经济发展水平、女性董事对公司技术创新战略的影响 [J]. 经济社会体制比较, 2016 (4): 120 - 131.

[246] 李长娥, 谢永珍. 董事会权力层级、创新战略与民营企业成长 [J]. 外国经济与管理, 2017, 39 (12): 70 - 83.

[247] 刘明明, 肖洪钧, 蒋兵. 企业战略变革理论研究述评: 内涵、动因和测量方法 [J]. 科技管理研究, 2011, 31 (8): 195 - 198.

[248] 刘小元, 金媛媛. 董事会战略参与的研究进展与展望 [J]. 管理学报, 2014, 11 (2): 302 - 312.

[249] 刘小元, 李永壮. 董事会、资源约束与创新环境影响下的创业企业研发强度——来自创业板企业的证据 [J]. 软科学, 2012, 26 (6): 99 - 104.

[250] 刘玉来. 融资结构与中小企业成长性关系研究——基于中西部企业的实证检验 [J]. 企业经济, 2016 (1): 90 - 95.

[251] 柳洲, 陈士俊, 王洁. 论跨学科创新团队的异质性知识耦合 [J]. 科学学与科学技术管理, 2008 (6): 188 - 191.

[252] 鲁银梭, 郝云宏. 公司治理与技术创新的相关性综述

[J]. 科技进步与对策，2012，29（5）：156-160.

　　[253] 吕屹. 高管团队和董事会的背景特征与国际化战略——以银行业为例 [J]. 辽宁大学学报：哲学社会科学版，2015，43（3）：99-107.

　　[254] 吕长江，金超，陈英. 财务杠杆对公司成长性影响的实证研究 [J]. 财经问题研究，2006（2）：80-85.

　　[255] 马连福，冯慧群. 基于多元理论视角的董事会介入公司战略文献评述 [J]. 管理学报，2013，10（8）：1238-1247.

　　[256] 牛建波，李胜楠. 产品市场竞争对董事会治理效果影响的研究 [J]. 山西财经大学学报，2008，30（7）：69-75.

　　[257] 牛雄鹰，李鑫伟. 中小企业技术创新、资源空间关联与企业成长——基于中国省际面板数据的空间计量分析 [J]. 技术经济，2016，35（4）：1-8.

　　[258] 祁顺生，李国伟. 影响高新技术企业成长的三层面因素分析 [J]. 特区经济，2006（9）：330-331.

　　[259] 秦德智，赵德森，姚岚等. 企业文化、技术创新能力与企业成长——基于资源基础理论的视角 [J]. 学术探索，2015（7）：128-132.

　　[260] 邵毅平，王引晟. 董事会资本与企业绩效的实证研究——基于 R&D 投资的中介效应视角 [J]. 财经论丛（浙江财经大学学报），2015（6）：66-74.

　　[261] 宋春蕾，殷玮，陆胜男. 人际吸引中性别助长效应的实验研究 [J]. 苏州教育学院学报，2012，29（5）：77-79.

　　[262] 宋英华，庄越，张乃平. 创新型企业成长的内部影响因素实证研究 [J]. 科学学研究，2011，29（8）：1274-1280.

　　[263] 宋增基，李春红，卢溢洪. 董事会治理、产品市场竞争与公司绩效：理论分析与实证研究 [J]. 管理评论，2009，21（9）：120-128.

　　[264] 苏敬勤，林海芬. 管理创新研究视角评述及展望 [J].

管理学报，2010，7（9）：1343－1349.

[265] 苏中锋，孙燕. 不良竞争环境中管理创新和技术创新对企业绩效的影响研究 [J]. 科学学与科学技术管理，2014，35（6）：110－118.

[266] 孙海法，姚振华，严茂胜. 高管团队人口统计特征对纺织和信息技术公司经营绩效的影响 [J]. 南开管理评论，2006（6）：61－67.

[267] 孙早，鲁政委. 从政府到企业：关于中国民营企业研究文献的综述 [J]. 经济研究，2003（4）：79－87.

[268] 谭雪，杜兴强. 国际化董事会、审计师行业专长与税收规避 [J]. 山西财经大学学报，2015（11）：113－124.

[269] 唐清泉，罗当论，张学勤. 独立董事职业背景与公司业绩关系的实证研究 [J]. 当代经济管理，2005，27（1）：97－101.

[270] 田高良，杨星，马勇等. 董事会多元化特征对股价信息含量的影响研究 [J]. 西安交通大学学报：社会科学版，2013，33（6）：34－40.

[271] 王凡俊，李国栋. 基于高阶梯队理论的董事会背景特征价值效应研究 [J]. 现代管理科学，2011（11）：49－51.

[272] 王青燕，何有世. 影响中国上市公司成长性的主要因素分析 [J]. 统计与决策，2005（2）：61－63.

[273] 王铁男，凃云咪. 管理创新能力调节下技术创新能力对企业绩效的影响 [J]. 技术经济，2012，31（10）：25－32.

[274] 王希泉，申俊龙. 民营上市公司董事会治理与企业成长性的门槛效应 [J]. 技术经济与管理研究，2015（7）：51－56.

[275] 王小鲁，樊纲. 中国地区差距的变动趋势和影响因素 [J]. 经济研究，2004（1）：33－44.

[276] 卫旭华，刘咏梅，陈思璇. 团队人口统计特征多元化与绩效关系的元分析 [J]. 心理学报，2015，47（9）：1172－1187.

[277] 卫旭华，刘咏梅，岳柳青. 高管团队权力不平等对企业

创新强度的影响——有调节的中介效应［J］. 南开管理评论，2015，18（3）：24 – 33.

［278］温忠麟，叶宝娟. 中介效应分析：方法和模型发展［J］. 心理科学进展，2014，22（5）：731 – 745.

［279］武立东，江津，王凯. 董事会成员地位差异、环境不确定性与企业投资行为［J］. 管理科学，2016，29（2）：52 – 65.

［280］肖挺，刘华，叶芃. 高管团队异质性与商业模式创新绩效关系的实证研究：以服务行业上市公司为例［J］. 中国软科学，2013（8）：125 – 135.

［281］谢永珍，张雅萌，张慧等. 董事会正式、非正式结构对董事会会议频率的影响——非正式沟通对董事会行为强度的调节作用［J］. 外国经济与管理，2015，37（4）：15 – 28.

［282］谢永珍. 公司治理2.0时代：董事会的挑战与创新［J］. 董事会，2015（11）：40 – 44.

［283］谢永珍. 性别助长、董事会行为强度与财务绩效——非线性中介效应的检验［J］. 兰州学刊，2016（4）：171 – 181.

［284］徐虹，林钟高，芮晨. 产品市场竞争、资产专用性与上市公司横向并购［J］. 南开管理评论，2015，18（3）：48 – 59.

［285］徐向艺，尹映集. 家族控股公司独立董事比例与企业成长关系研究——创新行为的中介效应［J］. 经济与管理研究，2014（5）：33 – 39.

［286］严子淳，薛有志. 董事会社会资本、公司领导权结构对企业 R&D 投入程度的影响研究［J］. 管理学报，2015，12（4）：509 – 516.

［287］杨蕙馨，王嵩. 技术创新能力对中小企业成长性的影响研究——以中小板制造业上市公司为例［J］. 东岳论丛，2013，34（2）：106 – 111.

［288］杨皖苏，陶涌. 董事会人力资本及薪酬对财务舞弊的影响——中国上市公司的数据［J］. 财会月刊，2015（24）：43 – 45.

[289] 杨晓优. 区域制度环境与区域竞争对策研究 [M]. 长沙：中南大学出版社，2005：45-60.

[290] 杨洋，吴应宇，韩静. 金字塔型股权结构对企业成长的效应研究 [J]. 河海大学学报（哲学社会科学版），2016，18（1）：38-46.

[291] 伊志宏，姜付秀，秦义虎. 产品市场竞争、公司治理与信息披露质量 [J]. 管理世界，2010（1）：133-141.

[292] 尹翠芳，陈素蓉，周建. 董事会权力对战略变革的影响研究——基于环境不确定性的调节作用性 [J]. 现代管理科学，2014（6）：30-32.

[293] 于俊秋. 创新是企业持续成长和发展的源泉 [J]. 科学管理研究，2002，20（6）：24-26.

[294] 张会荣，张玉明. 技术创新、股权结构与中小企业成长 [J]. 山东社会科学，2014（2）：114-119.

[295] 张慧，安同良. 中国上市公司董事会学历分布与公司绩效的实证分析 [J]. 南京社会科学，2006（1）：37-43.

[296] 张琨，杨丹. 董事会性别结构、市场环境与企业绩效 [J]. 南京大学学报（哲学·人文科学·社会科学），2013，50（5）：42-52.

[297] 张鲁秀，王鹏，刘德胜. 科技型中小企业成长因素模型及实证研究 [J]. 科技管理研究，2016，36（1）：95-102.

[298] 张娜. 女性董事对企业绩效影响的实证研究——来自中国973加上市公司的证据 [J]. 妇女研究论丛，2013（4）：38-48.

[299] 张维迎，周黎安，顾全林. 高新技术企业的成长及其影响因素：分位回归模型的一个应用 [J]. 管理世界，2005（10）：94-101.

[300] 张信东，薛艳梅. R&D支出与公司成长性之关系及阶段特征——基于分位数回归技术的实证研究 [J]. 科学学与科学技术管理，2010，31（6）：28-33.

[301] 张耀伟, 陈世山, 李维安. 董事会非正式层级的绩效效应及其影响机制研究 [J]. 管理科学, 2015, 28 (1): 1 – 17.

[302] 张玉明, 陈前前. 会计文化与中小上市公司成长的实证研究——基于创业板的经验数据 [J]. 会计研究, 2015 (3): 20 – 25.

[303] 张玉明, 刘德胜. 中小型科技企业成长的外部环境因素模型研究 [J]. 山东大学学报 (哲学社会科学版), 2009 (3): 45 – 51.

[304] 张玉明, 王墨潇. 中小企业债务融资结构与企业成长——基于中小板上市公司的实证研究 [J]. 经济与管理评论, 2013 (4): 46 – 53.

[305] 赵慧群, 陈国权. 团队两种多样性、互动行为与学习能力关系的研究 [J]. 中国管理科学, 2010, 18 (2): 181 – 192.

[306] 赵琳, 谢永珍, 张雅萌. 董事会与 R&D 投入的权变模型: 控股股东的调节效应 [J]. 系统工程, 2013, 31 (12): 10 – 17.

[307] 赵琳, 谢永珍. 异质外部董事对创业企业价值的影响——基于非线性的董事会行为中介效应检验 [J]. 山西财经大学学报, 2013, 35 (11): 86 – 94.

[308] 赵琳. 创业板上市公司董事会治理绩效影响因素研究 [D]. 山东大学, 2014.

[309] 赵轶然, 弭腾, 曹贵康. 创造性活动中的性别助长效应 [J]. 心理学进展, 2015 (5): 163 – 172.

[310] 郑梅莲, 程丹. 独立董事团队异质性对会计信息质量的影响研究 [J]. 浙江工业大学学报: 社会科学版, 2012 (3): 320 – 325.

[311] 周建, 金媛媛, 袁德利. 董事会人力资本、CEO 权力对企业研发投入的影响研究——基于中国沪深两市高科技上市公司的经验证据 [J]. 科学学与科学技术管理, 2013, 34 (3): 170 – 180.

[312] 周建, 李小青, 金媛媛等. 基于多理论视角的董事会——CEO 关系与公司绩效研究述评 [J]. 外国经济与管理, 2011 (7): 49 – 57.

[313] 周建, 李小青. 董事会认知异质性对企业创新战略影响

的实证研究 ［J］. 管理科学, 2012, 25 (6)：1 – 12.

　　［314］周建, 尹翠芳, 陈素蓉. 董事会团队属性对企业国际化战略的影响研究 ［J］. 管理评论, 2013, 25 (11)：133 – 143.

　　［315］周煊, 程立茹, 王皓. 技术创新水平越高企业财务绩效越好吗？——基于 16 年中国制药上市公司专利申请数据的实证研究 ［J］. 金融研究, 2012 (8)：166 – 179.

　　［316］周泽将, 修宗峰. 女性董事对企业经营绩效影响的实证研究——基于 2000 ~ 2009 年中国证券市场 A 股上市公司样本 ［J］. 财经理论与实践, 2014, 35 (188)：91 – 97.